SPORT
101 BOEIENDE VRAGEN EN VERBAZINGWEKKENDE ANTWOORDEN

SPORT

101 BOEIENDE VRAGEN EN VERBAZINGWEKKENDE ANTWOORDEN

Deltas

Inhoudsopgave

Geschiedenis van de sport en de Olympische Spelen

Waar komt het woord 'sport' vandaan?

Het woord 'sport' komt van het Latijnse woord 'disportare'. Dat betekent 'zich vermaken, zich amuseren'. Via het Engels is het woord 'sport' ook bij ons bekend geraakt.
Sport is een verzamelnaam voor de meest uiteenlopende zaken. Schaken en speerwerpen zijn twee totaal verschillende dingen, maar toch zijn het allebei sporten. Het komt er eigenlijk steeds op neer dat mensen door oefening van hun lichaam of geest bepaalde prestaties willen leveren. Mensen doen vooral aan sport omdat het hen ontspant, al zijn er ook veel mensen die van sport hun beroep gemaakt hebben. We noemen hen 'profs'. Zij hebben geen andere baan en leggen zich volledig toe op hun sport.

In de Oudheid was de belangrijkste zorg van de mensen de dagelijkse strijd om te overleven. Was er in hun leven dan nog plaats voor sport?

Jazeker, al in de Oudheid deden mensen aan sport. Die sporten dienden meestal om het lichaam van de mens te harden. Zo werden verschillende worstel- en vechtsporten beoefend. Vooral mannen uit Vuurland en de oude Grieken waren zeer goed in het worstelen.
Hardloopwedstrijden en speerwerpen waren ook erg populair. Vooral in Griekenland en in Afrika werden vaak wedstrijden gehouden. In Japan ontstonden al vroeg verschillende balspelen, die de voorlopers van het voetbal en het handbal zijn.

Wat hadden sport en godsdienst in de Oudheid met elkaar te maken?

Bij de oude Grieken was sport nauw verbonden met de godsdienst. Zo werden de Olympische Spelen gehouden ter ere van Zeus. Sport en spel waren bedoeld als offers voor de goden. Door aan sport te doen en het menselijk lichaam zo goed mogelijk te trainen, trachtte men de goden voor zich te winnen.
Bij de Romeinen veranderde de betekenis van de sport. Sport was voor de Romeinen enkel nuttig. Een goed getraind lichaam kon bijvoorbeeld van pas komen in oorlogstijd, maar was niet belangrijk voor de goden.

Bij de Grieken en de Romeinen waren enkele atletieknummers en worstelen de populairste sporten. Beoefende men in de Middeleeuwen dezelfde sporten als in de Oudheid?

In de Middeleeuwen waren vooral steekspelen en jachtpartijen erg populair. In Engeland werd de jacht als de mooiste sport beschouwd. Het was niet belangrijk hoeveel je ving, maar wel hoe je de buit ving. Door slim en behendig te zijn en door vol te houden, moest de mens het dier overwinnen.
Steekspelen kennen we vooral uit de ridderverhalen uit de Middeleeuwen. Vaak was het een strijd op leven of dood, waarbij de verliezer moest sterven. Bij deze wedstrijden kwamen soms duizenden mensen kijken. Sporten als worstelen, atletiek en paardrijden werden ook nog beoefend. Toch waren ze minder belangrijk dan de jacht en de steekspelen.

'Atletiek is de moeder van alle sporten', zegt men wel eens. Wat bedoelt men hiermee?

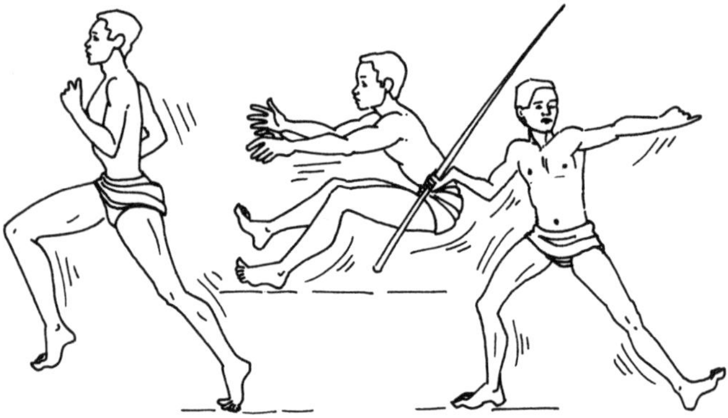

Atletiek wordt al lang beoefend. Bij de eerste Olympische Spelen stonden hardlopen, springen en speerwerpen al op het programma. Wie goed is in atletiek heeft ook een voordeel bij andere sporten. Een voetballer moet snel kunnen lopen en een volleybalspeler moet hoog kunnen springen. Iemand met sterke armen zal harder kunnen slaan bij tennis. De oefeningen in atletiek komen dus bij elke sport van pas.
Bovendien zijn lopen en springen dingen die de mens 'van nature' doet. Het gaat om basisbewegingen van de mens.

Wanneer werden de eerste Olympische Spelen georganiseerd en wie mocht er deelnemen?

In 776 voor Christus werden voor de eerste maal Olympische Spelen gehouden. Ze vonden plaats in de Griekse stad Olympia. Het waren Spelen ter ere van Zeus, de Griekse oppergod. Met deze Spelen wilde men Zeus gunstig stemmen om zo de oorlogen tussen de Griekse steden te doen ophouden.
Bij die eerste Olympische Spelen mochten alleen Griekse mannen deelnemen. Vrouwen mochten absoluut niet deelnemen, ze mochten zelfs niet komen kijken. Later werden ook Romeinen tot de Spelen toegelaten, maar andere niet-Grieken mochten alleen toekijken.

De Olympische Spelen hebben als logo een witte vlag met vijf gekleurde ringen. Waarvan is dit het symbool?

Met de vijf ringen worden de vijf werelddelen bedoeld. De blauwe ring staat voor Europa, de zwarte voor Afrika, rood voor Amerika, groen voor Oceanië en geel voor Azië. De vijf ringen zijn in elkaar verweven. Dat heeft men niet zomaar gedaan. Hiermee wil men zeggen dat de atleten van de vijf werelddelen met elkaar verbonden zijn: ze nemen allen deel aan de Olympische Spelen. De vijf gekleurde ringen staan op een witte vlag afgebeeld. Wit is de kleur van de vrede. Met die witte vlag wil men duidelijk maken dat de wedstrijden tussen de deelnemers op een vreedzame manier moeten plaatsvinden.

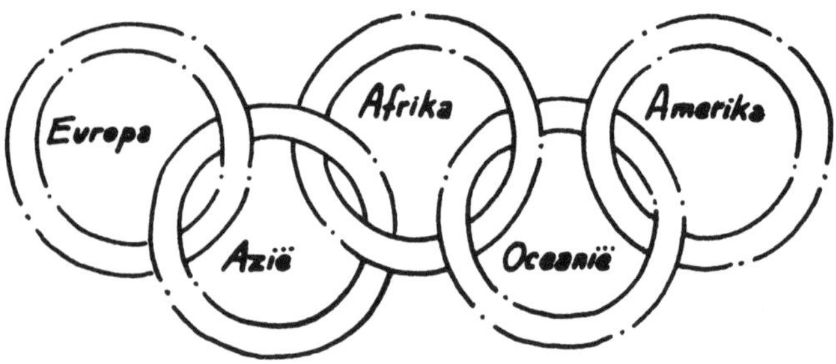

Wat bedoelt men met een 'boycot van de Olympische Spelen'?

Met het woord 'boycot' bedoelt men dat iemand weigert om iets te doen. In de geschiedenis van de Olympische Spelen zijn er verschillende landen geweest die niet wilden deelnemen. Dat noemt men een 'boycot van de Olympische Spelen'.
Zo stuurden de Verenigde Staten in 1980 geen atleten naar de Spelen. De reden hiervoor was de volgende. De Verenigde Staten lagen al vele jaren in conflict met de voormalige Sovjet-Unie. Dat conflict kreeg de naam 'de Koude Oorlog'. In 1980 vonden de Olympische Spelen plaats in de Russische hoofdstad Moskou. Omdat de leiders van de Verenigde Staten en de voormalige Sovjet-Unie weigerden met elkaar te onderhandelen, namen er geen Amerikaanse atleten deel aan die Spelen. Vier jaar later kregen de Verenigde Staten in Los Angeles van hetzelfde laken een pak. De voormalige Sovjet-Unie hield al zijn atleten thuis en 'boycotte' zo de Olympische Spelen in Los Angeles.

Tijdens de huidige Olympische Spelen worden heel veel verschillende sporten beoefend. Welke sporten stonden er op het programma van de eerste Olympische Spelen?

In het jaar 776 voor Christus bevatte het olympische programma slechts drie afzonderlijke sporten. De eerste was het lopen, dat ook nu nog een heel belangrijk onderdeel van de Spelen vormt. Opvallend is dat in die tijd ook loopwedstrijden met wapens gehouden werden. De deelnemers moesten met hun helm op het hoofd en het schild aan de arm een bepaalde afstand afleggen.

Een tweede belangrijke sport was de pentatlon of de vijfkamp. Hierbij moesten alle deelnemers vijf afzonderlijke proeven afleggen. Het ging om springen, rennen, discuswerpen, speerwerpen en worstelen. De deelnemer die over de vijf onderdelen het best presteerde, werd de winnaar.

Ten slotte waren er nog de wagenrennen. Die waren het spectaculairste. Deze races waren werkelijk afvalraces, waarbij vaak maar één paard en ruiter overbleven.

Naast zomerspelen bestaan er ook winterspelen. Wat is nu eigenlijk precies het verschil?

Het is niet belangrijk of het nu om zomer- of winterspelen gaat. Het is wel belangrijk dat het allemaal Olympische Spelen zijn. Ook de winterspelen zijn dus erg populair, al nemen er een stuk minder landen aan deel dan aan de zomerspelen. Bij de winterspelen zijn bijna geen landen uit Afrika en Zuid-Amerika aanwezig. Door het warme klimaat in die werelddelen is er daar geen interesse voor sporten als skiën en schaatsen.

Tijdens de Olympische Spelen brandt in het stadion altijd een grote fakkel. Waarvan is dit het symbool?

Het vuur staat symbool voor het streven naar volmaaktheid en de strijd om de overwinning te behalen. De fakkel wordt telkens van Olympia naar de stad waar de Olympische Spelen plaatsvinden gebracht. Verschillende mensen zorgen hiervoor, zij nemen elk een deel van de weg voor hun rekening. Het aansteken van de toorts in het olympische stadion is steeds een plechtig moment op de Spelen. Soms reist het olympische vuur per vliegtuig. Dat gebeurde een eerste maal in 1936, voor de Olympische Spelen in Melbourne (Australië).

Ook op de winterspelen wordt het olympische vuur naar het stadion gebracht. Op de winterspelen in 1956 ging het bijna mis. Wat gebeurde er precies?

De schaatser Guido Caroli was toen de fakkeldrager. Tijdens de repetities was alles zonder problemen verlopen. Op de plechtigheid zelf liep het echter bijna mis.
Caroli kwam lachend en schaatsend het stadion binnenrijden. Toen struikelde hij plots over een geluidskabel, die men vergeten was weg te halen. Wankelend slaagde Caroli er toch nog in de fakkel brandend te houden. Hij ontstak de grote toorts in het stadion en vluchtte snel weg.
Het publiek in het stadion lachte om het hele voorval. Caroli zelf was ontroostbaar en kon door de grond zakken van schaamte.

In 1896 werden de Olympische Spelen voor het eerst sinds lange tijd weer georganiseerd. Dit was vooral het werk van één man, namelijk Baron De Coubertin. Wat deed hij precies voor de Spelen?

De echte naam van Baron De Coubertin was Pierre de Fredi. Hij kreeg in 1892 een belangrijke opdracht van de Franse regering. Hij moest een onderzoek doen naar moderne methoden van lichamelijke opvoeding. Op één van zijn buitenlandse reizen kwam hij op het idee om de Olympische Spelen nieuw leven in te blazen. De eerste moderne spelen vonden plaats in Athene. Daarna verhuisden ze elke vier jaar naar een andere stad.

'Deelnemen is belangrijker dan winnen', is de leuze van de Olympische Spelen. Worden de winnaars dan niet beloond voor hun prestaties?

Al in de Oudheid was winnen op de Olympische Spelen een fantastische belevenis voor een atleet. Hij werd bejubeld door alle toeschouwers en de rest van zijn leven door iedereen bewonderd. Hij kreeg bovendien een standbeeld in Olympia en hij werd het symbool van de kracht van het vaderland. Wie echter verloor, werd voor de rest van zijn leven bespot door zijn medeburgers.
Nu wordt een overwinning bij de Olympische Spelen beloond met een gouden medaille en fikse geldsommen. Maar een olympische zege is nog altijd de grootste sportieve triomf. Wie op Olympische Spelen de beste is, krijgt bij andere wedstrijden hoge startgelden. Dit betekent dat je veel geld krijgt om aan een bepaalde wedstrijd deel te nemen, zonder dat je die hoeft te winnen.

De Amerikaan Anders Haugen, die in Noorwegen geboren werd, kreeg toen hij zesentachtig was nog een bronzen medaille. Hoe kwam dat?

Op de winterspelen van 1924 in Chamonix was de Noor Thorleif Haug één van de beste atleten. Hij had drie gouden medailles verzameld bij het skiën en was als derde geëindigd bij het speciale springnummer.
Vijftig jaar later ontdekte men dat de punten van die springwedstrijd niet juist opgeteld waren, zodat Thorleif Haug onterecht derde was geworden. Anders Haugen, die in 1924 vierde werd, had eigenlijk derde moeten worden en had een bronzen medaille moeten krijgen. Haugen, die op dat moment reeds zesentachtig jaar oud was, kreeg een halve eeuw na zijn prestatie toch nog zijn bronzen medaille.

De eerste moderne Olympische Spelen vonden plaats in Athene in het jaar 1896. Waren deze Spelen werkelijk de eerste van de nieuwe tijd?

In de negentiende eeuw had men in verschillende landen interesse voor de oude Spelen van Olympia. In 1834 en 1836 werden in Zweden de 'Scandinavische Olympische Spelen' georganiseerd. Ook in Engeland gebeurde iets vergelijkbaars. De Engelse dokter Penny Brookes organiseerde sinds 1850 jaarlijks een grote sportmanifestatie. Hij noemde deze de 'Olympische Spelen'. De Grieken zelf kenden ook een vorm van 'Olympische Spelen'. Die Spelen vonden vijfmaal plaats.
Al deze Spelen waren enkel bedoeld voor atleten uit die landen. Met de Olympische Spelen in Athene in 1896 was dat anders. Ook buitenlandse deelnemers waren toegelaten. Daarom noemen we deze Spelen de eerste van de nieuwe periode.

Sport was in de Oudheid vooral een mannenzaak. Vrouwen mochten niet deelnemen aan de Olympische Spelen. Vanaf wanneer veranderde dit?

Vrouwen werden in het begin helemaal niet toegelaten op de Olympische Spelen. Zij mochten zelfs de wedstrijden niet komen bekijken. In 1896 werden vrouwen wel als toeschouwer toegelaten. Op de Spelen van 1900 in de Franse hoofdstad Parijs mochten ze voor het eerst deelnemen. Twaalf vrouwelijke atleten uit vier landen deden mee.
De Engelse Charlotte Cooper was de eerste vrouw die een gouden medaille kreeg. Zij won tweemaal bij het tennis.

De winnaars van een olympische wedstrijd krijgen een gouden medaille. Zijn er ook nummers zonder winnaars geweest?

Op de Spelen in Londen in 1908 kende de 1000 meter sprint (wielrennen) een rare afloop. Drie Engelsen en een Fransman reden de finale. Twee Engelsen hadden al snel een lekke band en gaven op. In de spurt voor de overwinning won de Fransman nipt van de derde Engelsman. De Fransman was dus eerste, maar... kreeg geen gouden medaille. De Engelse scheidsrechter vond dat beide renners te traag gereden hadden en schrapte hen. Zo was er geen winnaar van deze wedstrijd en kreeg ook niemand een medaille.
De Fransen waren woedend op de scheidsrechter. Zij zeiden dat hij kwaad was omdat zijn landgenoot niet gewonnen had en dat hij daarom deze beslissing had genomen.

De eerste Olympische winterspelen werden gehouden in 1924. Ze vonden plaats in de Franse stad Chamonix. Toch wisten de deelnemers niet dat ze aan de Olympische Spelen deelnamen. Hoe kwam dit?

Het Frans Olympisch Comité was de organisator van het toernooi in Chamonix. Het hele gebeuren werd 'internationale wintersportweek' gedoopt. Van Olympische Spelen was helemaal geen sprake. De deelnemers dachten dan ook dat ze deelnamen aan een internationaal toernooi, niet aan de Olympische Spelen. Ongeveer een jaar na de wedstrijden in Chamonix veranderde dat. Men besloot om de internationale wintersportweek 'olympisch' te maken. Zo werden de sportwedstrijden in Chamonix plots de eerste Olympische winterspelen. De atleten die een gouden medaille gewonnen hadden, werden zo olympische kampioenen.

Individuele sporten

Sprinters die goed presteren op de 100 meter, doen het vaak ook erg goed op de 200 m. Dat is niet zo verwonderlijk, want het zijn gelijksoortige wedstrijden. Zijn er ook sporters die in totaal verschillende disciplines gewonnen hebben?

Charles Burgess Fry was van alle markten thuis. Deze Engelsman evenaarde in 1893 het wereldrecord verspringen. Enkele jaren daarna maakte hij deel uit van het Engelse nationale voetbalteam. Hij speelde ook jarenlang rugby in de Engelse eerste afdeling en werd aanvoerder van de nationale cricketploeg. Ten slotte behaalde hij ook vele titels in de hengelsport.
De Engelse Charlotte Dod deed het nog beter. Zij won vijfmaal het tennistoernooi van Wimbledon en werd daarna Brits golfkampioene in 1904. Op de Olympische Spelen van 1908 behaalde ze een zilveren medaille bij het boogschieten. Zij was ook aanvoerster van de Engelse hockeyploeg en won verschillende schaatswedstrijden.

Bowling is tegenwoordig erg populair. Vroeger was de kegelsport echter verboden in de Verenigde Staten. Hoe kwam dit?

Al in de vroege Middeleeuwen deed men aan kegelen in Europa. Men probeerde toen met een bal negen kegels omver te werpen. In de achttiende eeuw waaide de sport over naar de Verenigde Staten. Daar werden echter veel weddenschappen afgesloten op kegelwedstrijden. Veel mensen verloren op die manier massa's geld, zodat de regering ingreep. De kegelsport werd verboden, zodat ook de weddenschappen zouden verdwijnen.
De liefhebbers van de sport bedachten al gauw een andere oplossing. Ze voegden één kegel toe aan het spel, zodat het verbod op de kegelsport omzeild werd. Men bedacht ook een nieuwe naam, namelijk bowling.

De zondag was vroeger 'de dag van God'. Volgens de bijbel had God de zevende dag rust genomen, zodat ook de mensen dat moesten doen. Mochten er op zondag wel sportwedstrijden plaatsvinden?

In de vorige eeuw was sport op zondag een uitzondering. Zondag werd toen als een dag van rust beschouwd. In het begin van deze eeuw veranderde dit.
Op de Olympische Spelen van 1908 werd op zondag de finale van de 110 meter horden gelopen. De Amerikaan Smithson liep die finale met de bijbel in de hand. Hij wilde op elk moment van de zondag aan God denken. Smithson won de wedstrijd en liep ook een nieuw wereldrecord.

Hamerslingeren en discuswerpen zijn twee disciplines waarbij de deelnemers zich in een open kooi bevinden. Dat gebeurt om te vermijden dat de hamer of de discus in het publiek terechtkomt. Is het ooit gebeurd dat één van die voorwerpen toch de verkeerde richting uit ging?

Op de Olympische Spelen van Parijs belandde bij het discuswerpen de discus driemaal in het publiek. Gelukkig vielen hierbij geen gewonden.

Bij het hamerslingeren kwam de hamer drie keer achter elkaar niet op de grond terecht. Op het midden van het veld stond immers een boom. Daarin raakte de hamer verstrikt. Op een gegeven moment werd de wedstrijd stilgelegd en besloot men de boom om te hakken. Pas daarna hervatte men de wedstrijd.

Een olympische medaille is een waardevol stuk. Is er ooit zo'n medaille verloren gegaan?

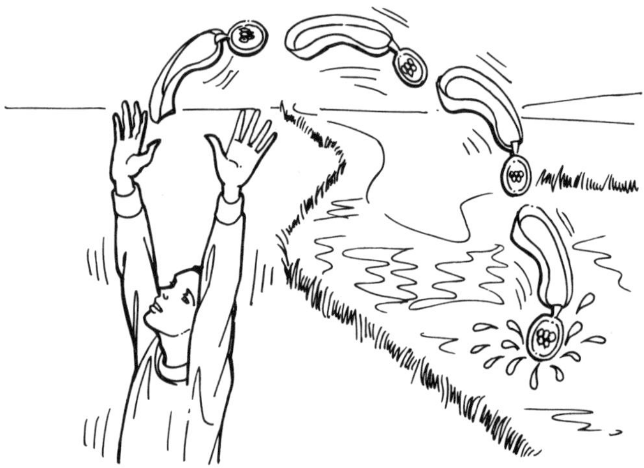

De Rus Viatcheslav Ivanov was de sterkste roeier ter wereld in de jaren vijftig. Op de Olympische Spelen van 1956 in Melbourne haalde hij drie gouden medailles.
Na zijn derde zege stond hij op en kreeg zijn medaille. Hij was zo tevreden dat hij hem enkele meters de lucht in wierp. Hij was te onstuimig en de medaille belandde in het water. Ivanov slaagde er niet in ze terug te vinden. Na de Spelen kreeg hij van het Olympisch Comité een nieuwe gouden medaille.

In veel sporten presteren mannen nog iets beter dan vrouwen. Toch wordt het verschil steeds kleiner. Is het ooit gebeurd dat mannen deelnamen aan vrouwenwedstrijden?

Stanislawa Walasiewicz was een fors gebouwde Poolse sprintster. Op de Spelen van 1932 in Los Angeles won ze goud op de 100 meter sprint. Niemand had ook maar enig vermoeden dat er iets niet klopte.
In 1980 overleed Walasiewicz. Zij raakte betrokken bij een schietpartij en kwam om. De lijkschouwers kwamen met een bijzondere verklaring op de proppen: Walasiewicz was geen vrouw, maar een man. Haar ex-echtgenoot, een man, wist dit. Hij had het zijn hele leven geheimgehouden.

Bij atletiekwedstrijden zie je de atleten een speciaal soort schoenen dragen, met scherpe punten onderaan de zool. Waarom doen zij dit?

Zulke sportschoenen met scherpe punten noem je 'spikes'. Je kunt ze vergelijken met voetbalschoenen. Het verschil is dat de noppen onder voetbalschoenen een stuk langer en minder scherp zijn dan bij de spikes.
Ze zorgen ervoor dat de atleten niet uitglijden op de piste. Ze bezorgen de atleten een goede grip. Je kunt het vergelijken met de klauwen bij dieren. Dankzij hun klauwen haken dieren zich vast in de grond of in de bomen. Dat is ook wat spikes moeten doen.
Vooral bij het springen zijn spikes heel belangrijk.

Je hebt ongetwijfeld al gehoord van de marathon. Dat is een loopwedstrijd van meer dan 42 kilometer. Waar komt het woord 'marathon' vandaan?

In 490 voor Christus voerden de Grieken en de Perzen oorlog bij de Griekse stad Marathon. Na een zware veldslag wonnen de Grieken. Hun boodschapper, Philippides, liep van Marathon naar Athene om daar verslag uit te brengen. Na een tocht van 42 kilometer en 196 meter bereikte hij de Griekse hoofdstad. Daar vertelde hij de inwoners over de Griekse overwinning. Volgens de legende viel hij enkele ogenblikken later dood neer van uitputting. Naar zijn tocht is de marathon genoemd.
In 1896 werd de marathon voor het eerst tijdens de Olympische Spelen gelopen. De Griekse postbode Spiridon Louis won de wedstrijd. Tegenwoordig worden over de hele wereld marathons gelopen, over dezelfde afstand als de tocht van Philippides.

Bij loopnummers wordt vaak gesproken over 'hazen'. Doen er ook dieren mee aan deze wedstrijden?

Als een atleet een record wil vestigen, moet hij vanaf het begin van de wedstrijd heel hard rennen. Dat is nu precies de taak van de 'hazen'. Hazen zijn atleten die moeten zorgen dat de recordloper in de eerste ronden sterke tijden haalt. De loper die een snelle tijd wil lopen, volgt de hazen enkele ronden. Op het eind loopt hij de race op eigen kracht uit.
De opdracht van hazen is niet eenvoudig. Zij moeten het tempo hoog houden. Maar zij mogen ook niet te snel starten. Want dan kunnen de atleten achter hen het tempo niet meer volgen. Hazen lopen gedurende één of meerdere ronden voorop en stappen dan uit de wedstrijd. Ze worden natuurlijk betaald voor hun inspanningen.

Sommige sporters verdienen jaarlijks massa's geld. Hun carrière duurt vaak niet langer dan vijftien jaar. Zij moeten dan ook in die periode genoeg geld verdienen om later verder te kunnen. Zijn er sportlui die ook buiten de sport succes kenden?

De Amerikaan Johnny Weismuller was een erg goede zwemmer. Hij behaalde in zijn loopbaan meerdere olympische titels. Op de Spelen van Parijs won hij de 100 m en de 400 m vrije slag. Na zijn zwemcarrière stapte hij in de filmwereld. Zijn bekendste rol was die van Tarzan. Maar liefst elfmaal speelde Weismuller de hoofdrol in een Tarzanfilm.

Zwaar zieke of gehandicapte mensen kunnen ook aan sport doen. Kunnen zij ook topprestaties leveren?

Natuurlijk. De Amerikaan Ray Ewry was als kind zwaar ziek. Hij had polio en zat een groot deel van zijn jeugd in een rolstoel. De dokters wisten niet of hij ooit zou kunnen lopen. Sport was al helemaal uitgesloten. Maar Ewry genas en begon aan sport te doen. Hij bleek erg hoog en ver te kunnen springen, zodat hij deelnam aan de Olympische Spelen. Daar won hij acht gouden medailles bij het hoog- en verspringen zonder aanloop.
Ehtelda Bleibtrey won drie gouden medailles bij het zwemmen. Ook zij had als kind polio gehad. De dokters hadden haar verteld dat ze haar hele leven in een rolstoel zou zitten. Bleibtrey genas echter en begon te zwemmen. Met het nodige succes, zo bleek dus.

Triatlon is een loodzware sport. De naam is afgeleid van de Griekse woorden 'tri' en 'atlon'. Letterlijk vertaald betekenen ze 'drie wedstrijden'. Toch is de sport niet in Griekenland ontstaan. Waar ligt de oorsprong van deze sport dan wel?

In 1978 ontstond er een discussie in de Waikiki Zwemclub te Oahu, een eiland bij Hawaï. Enkele leden vroegen zich af welke sport nu het zwaarst was. Sommigen zeiden fietsen, anderen lopen en nog anderen zwemmen. Iemand kwam op het idee deze drie sporten in één wedstrijd samen te brengen. De deelnemers zouden 4 kilometer moeten zwemmen, 180 kilometer fietsen en een marathon lopen. De sport werd 'triatlon' genoemd. Vanaf dat moment werd triatlon een veelbeoefende sport.

Bij sprintnummers mogen de lopers niet bewegen voor het startschot gegeven is. Was dit vroeger ook al zo?

In het verleden bestond het principe van de valse start ook al. Toen mocht je echter wel bewegen voor het startschot. Alleen de atleet die over de startlijn kwam voor het startsein, werd bestraft.
De Amerikaan Archie Hahn maakte dankbaar gebruik van deze regel. In de finale van de 100 meter misleidde hij zijn tegenstanders. Met enkele schijnbewegingen deed hij alsof hij vertrok. De andere finalisten dachten dat het startschot al gegeven was en startten ook. Hahn bleef echter op zijn plaats zitten. Alle andere finalisten werden bestraft voor een valse start, maar Hahn niet. Als straf moesten zij één meter achter Hahn vertrekken. De Amerikaan won zo de gouden medaille.

Een marathon lopen is een zware opgave voor veel atleten. Zijn er ook sporters die helemaal niet moe waren na die 42 kilometer?

De Amerikaan Fred Lorz was een zeer goed marathonloper, maar na vijftien kilometer kreeg hij last van krampen. De pijn werd steeds erger en Lorz gaf even later op. Hij stapte ontgoocheld in de auto die de lopers volgde.
De auto reed dadelijk naar de aankomstplaats van de wedstrijd. De krampen bij Lorz waren ondertussen verdwenen en dat bracht de man op een idee. Hij sprong uit de wagen, wachtte een tijdje en liep toen het stadion binnen. Lorz kwam als eerste over de aankomststreep en werd gevierd als winnaar. Op het moment van de medaille-uitreiking kwam het bedrog uit. Lorz werd zwaar gestraft door de Amerikaanse atletiekbond.

Wie een belangrijke wedstrijd wint, wordt luid aangemoedigd door de toeschouwers. Is het ook wel eens voorgekomen dat de allerlaatste het meeste applaus kreeg?

Op de Spelen van Montreal liep Olmeus Charles uit Haïti de tien kilometer. Hij eindigde in een tijd van 42 minuten. Dat was de langzaamste tijd die ooit gelopen was op die afstand. Iedereen had dan ook verwacht dat Charles zou opgeven.
Maar de Haïtiaan hield vol en liep de race uit. Zijn wilskracht bezorgde hem veel steun van de supporters. Zij begonnen luid te applaudisseren en moedigden hem aan.

Bij het pistoolschieten moet je je sterk concentreren. Vaak kunnen de schutters maar met één hand sterk schieten. Zijn er ooit schutters geweest die wel met beide handen goed schoten?

De Hongaar Karoly Takacs was een ijzersterk pistoolschutter. In 1939 werd hij wereldkampioen als rechtshandig schutter. In datzelfde jaar brak de Tweede Wereldoorlog uit. Takacs was sergeant in het Hongaarse leger en trok ten strijde. Hij verloor in de oorlog zijn rechterarm toen een granaat in zijn hand ontplofte. Takacs wilde echter zijn hobby niet opgeven. Hij begon te schieten met zijn linkerhand en verbaasde iedereen. In 1948 won hij op de Olympische Spelen een gouden medaille.

Al Oerter werd in 1964, op de Spelen in Tokio, door de hele wereld bewonderd. Hoe kwam dit?

Oerter was een beroemd discuswerper en wilde winnen op de Olympische Spelen. Maar hij had al een tijd hevige pijn in de nek. Daarom droeg hij een aluminium kraag. Op de Spelen scheurde hij het kraakbeen van zijn onderste ribben. Oerter schreeuwde het uit van de pijn, maar wilde niet opgeven. Hij stapte nog éénmaal in de ring en weende van de pijn. Met zijn laatste krachten wierp hij de discus weg. De schijf landde exact 61 meter verder, goed voor de eerste plaats. Een huilende Oerter werd beloond voor zijn wilskracht.

Bij het turnen doen vaak erg jonge meisjes en jongens mee. Deelnemers van 14 en 15 jaar oud zijn geen uitzondering meer. Wie was de jongste gouden medaillewinnaar ooit bij het turnen en wie de oudste?

Masao Takemoto won op de Spelen van 1960 een gouden medaille in het turnen. Hij was toen 40 jaar oud. Daarmee is hij de oudste winnaar uit de geschiedenis.
De Roemeense Nadia Comaneci was de jongste winnares ooit. In 1976 won zij goud op de Spelen. Zij was toen precies 14 jaar oud.

Een spectaculaire olympische sporttak is het kleiduivenschieten. Schieten de deelnemers hierbij op echte duiven?

De kleiduiven die als doelwit gebruikt worden, zijn helemaal geen dieren. Het zijn schijfjes, die weggeslingerd worden door een toestel. Dit toestel bevindt zich op 15 meter van de schutter. De deelnemers mogen maximaal tweemaal vuren naar één 'duif'.
Het wapen dat gebruikt wordt is een jachtgeweer. De schutters krijgen punten indien zij een schijf kapotschieten. Bij olympische wedstrijden worden 75 kleiduiven de lucht in gekatapulteerd. De beste deelnemers missen vaak niet meer dan één of twee schijfjes.

Bij het gewichtheffen bestaan verschillende disciplines. Trekken en stoten zijn twee voorbeelden hiervan. Wat moeten de atleten hierbij precies doen?

Bij het trekken moet de gewichtheffer het gewicht in één vloeiende beweging boven het hoofd brengen. Op geen enkel moment mag de beweging onderbroken worden. Wanneer de atleet het gewicht boven het hoofd heeft, moet hij gedurende twee seconden rechtop blijven staan. Indien dit lukt, is de poging geslaagd.

Het stoten bestaat uit twee delen. In de eerste fase tilt de gewichtheffer de halter (het gewicht) tot op schouderhoogte. Daar mag hij het gewicht even laten rusten. In de tweede fase moet de halter boven het hoofd getild worden. Ook nu moet de atleet gedurende enkele seconden onbeweeglijk blijven staan. Daarna mag hij het gewicht laten zakken.

De Olympische Spelen waren bedoeld als een sportfestijn voor jongeren. De deelnemende atleten zijn vaak jonge, goed getrainde sportlui. Zijn er ook bejaarde medaillewinnaars geweest?

Op de Spelen van Antwerpen in 1920 zorgde de Zweed Oscar Swahn voor een topprestatie. De 72 jaar oude man nam deel aan het scherpschieten. Al zijn tegenstanders waren een stuk jonger dan de bejaarde Zweed. Toch won Swahn met de Zweedse ploeg de zilveren medaille. Ook zijn zoon Alfred zat in de Zweedse ploeg.

Balsporten

Bij honkbalwedstrijden gebeurt het soms dat een speler de bal de tribunes in slaat. Het publiek gaat dan helemaal uit de bol en begint te juichen. Waarom is dit zo?

Bij honkbal zijn er twee centrale figuren: de werper en de slagman. De werper heeft als taak de bal naar de slagman toe te werpen. De slagman tracht de bal dan met een houten knuppel ('bat') zo ver mogelijk weg te slaan. De medespelers van de werper proberen op hun beurt zo snel mogelijk de bal terug op de beginpositie te krijgen.
Wanneer de slagman of 'batter' erin slaagt om de bal in de tribunes te slaan, is het voor het andere team onmogelijk om de bal terug te halen. Dan scoort de ploeg van de slagman een 'homerun', de hoogste score.

De Argentijn Diego Maradona wordt door velen als de beste voetballer aller tijden beschouwd. Op het Wereldkampioenschap in in Mexico leidde hij zijn land naar de wereldtitel. Toch was er veel discussie over één van zijn doelpunten. Hij had de bal met de hand in het doel geslagen. Wat zei Maradona hierop?

In de achtste finales van het Wereldkampioenschap stonden Engeland en Argentinië tegenover elkaar. Maradona speelde een formidabele wedstrijd en scoorde tweemaal. Zijn eerste doelpunt was niet geldig, want Maradona tikte de bal met de hand in het doel. De Tunesische scheidsrechter had dit helemaal niet gezien en keurde de treffer goed. Ook veel televisiekijkers zagen pas in de herhaling wat er gebeurd was.
Engeland verloor met 2-1 en was uitgeschakeld. De Engelsen waren woedend op de scheidsrechter en op Maradona. De stervoetballer zei daarop dat hijzelf het doelpunt niet gemaakt had. ‘Het is de hand van God die gescoord heeft’, vertelde hij aan de journalisten.

In de Verenigde Staten spreekt voetbal minder mensen aan dan in Europa. Welke sport is daar het populairst?

American Football is dé sport bij uitstek in de Verenigde Staten. Het ‘Amerikaans voetbal’ heeft weinig te maken met voetbal zoals wij dat kennen. Het lijkt meer op rugby dan op voetbal. De bal wordt met de handen gespeeld en niet met de voeten. Ook is de sport veel harder en ruwer dan ons voetbal.
De wedstrijden in de profcompetitie van de VS trekken massa’s toeschouwers. Vele partijen hebben meer dan honderdduizend bezoekers. Op de derde zondag van januari wordt de finale van de competitie gespeeld. Deze wedstrijd wordt de ‘Super Bowl’ genoemd. Elk jaar bekijken meer dan honderd miljoen mensen deze wedstrijd op televisie.
Tijdens de Golfoorlog in 1991 werden massaal televisietoestellen vanuit de VS naar het Midden-Oosten overgebracht. De Amerikaanse soldaten wilden kost wat kost de Super Bowl volgen. De oorlog werd zo voor enkele uren vergeten.

De Duitse tennisser Boris Becker kreeg als bijnaam 'Boem Boem'. Hoe kwam dit?

Als zeventienjarige won Boris Becker het belangrijkste tennistoernooi ter wereld, namelijk Wimbledon. Hij was meteen de jongste winnaar ooit van het toernooi. Wat vooral opviel was de enorme kracht van zijn slagen. Verschillende tennissers vertelden achteraf dat ze bijna bang werden als Becker de bal in hun richting mepte. Ook de lijnrechters zetten een stapje opzij als zij een bal van Becker zagen naderen. Door zijn mokerslagen kreeg hij de bijnaam 'Boem Boem Becker'.

Op de Olympische Spelen van Barcelona (1992) en Atlanta (1996) werd het Amerikaanse basketbalteam het 'Dream Team' genoemd. Hoe kwam men aan deze naam?

De Amerikaanse basketbalploeg bestond toen voor het eerst uit profs. Dit team was een stuk sterker dan de vorige ploegen van de VS. Men koos nu voor profs omdat men kost wat kost de gouden medaille wilde winnen.
Met sterren als Michael 'Air' Jordan en Earvin 'Magic' Johnson in de ploeg werden de Amerikanen als onoverwinnelijk beschouwd. Men ging hen dan ook het 'Dream Team' noemen wat letterlijk 'droomploeg' betekent.
Vier jaar later waren het opnieuw profs die voor de Verenigde Staten uitkwamen. Men sprak nu van 'Dream Team 2'. Ook nu wonnen de Amerikanen zonder veel problemen olympisch goud.

Bij voetbal wordt vaak gepraat over de buitenspelval. Wordt er dan door een bepaalde ploeg een net gespannen waar de spelers van de tegenpartij in verstrikt raken?

De buitenspelregel is één van de belangrijkste regels in de voetbalsport. Een speler staat buitenspel wanneer er zich, op het moment dat de pass in zijn richting vertrekt, slechts één of geen enkele speler van de tegenpartij tussen het doel en hemzelf bevindt. Als de speler dan een doelpunt maakt, zal de scheidsrechter deze goal afkeuren wegens buitenspel.
Tegenwoordig zijn er veel ploegen die proberen de aanvallers van de andere partij zoveel mogelijk buitenspel te zetten. Die tactiek noemen we het openklappen van de buitenspelval.
Er zijn twee belangrijke uitzonderingen op de buitenspelregel. Indien de bal van de tegenstander komt, kan een speler nooit buitenspel staan. Buitenspel is ook onmogelijk als een speler van op de eigen speelhelft vertrekt.
De grensrechters moeten controleren of een speler buitenspel staat of niet. Zij steken hun vlag de lucht in als zij vinden dat een speler buitenspel staat. De scheidsrechter zal dan fluiten, zodat het spel stilgelegd wordt.

Rugby is een erg harde sport, waarbij de bal vooral met de handen gespeeld wordt. Opvallend is dat de bal een ovalen vorm heeft. Waarom is dit zo?

Een ovalen bal is makkelijker te dragen. Hij kan dus veel beter onder de arm meegenomen worden terwijl de speler over het veld loopt. Met een ovalen bal kan je ook nauwkeuriger passes geven naar een medespeler. Een derde en laatste reden heeft te maken met de spanning van de wedstrijd. Wanneer je een trap geeft tegen een ovalen bal, kan deze zowat alle richtingen uit gaan. Hij komt soms niet terecht waar je het wenst. Dat zorgt voor meer spektakel, tot grote vreugde van de toeschouwers.

Soms dienen sporters een klacht in tegen hun tegenstander na een wedstrijd. Zij vinden dan dat zij benadeeld werden en eigenlijk hadden moeten winnen. Kan je ook een klacht indienen omdat je bevoordeeld wordt?

Op de Olympische Spelen van Helsinki in 1952 stonden de waterpoloteams van Nederland en Joegoslavië tegenover elkaar. De Nederlanders wonnen de wedstrijd nipt met 3-2. Na de partij diende Joegoslavië klacht in. Zij vonden dat het tweede doelpunt van hun ploeg afgekeurd had moeten worden. De Nederlanders dachten dat het om een grap ging.
De wedstrijdjury besliste er anders over. De scheidsrechter had inderdaad een fout begaan. Daarom diende de partij te worden overgespeeld.
Er kwam dus een nieuwe wedstrijd en Joegoslavië won ditmaal met 2-1. Nederland was meteen uitgeschakeld voor het goud.

Scheidsrechters hebben het soms zwaar te verduren. Is het wel eens gebeurd dat een scheidsrechter klappen kreeg van spelers?

Op de Olympische Spelen van Helsinki speelde Uruguay basketbal tegen Frankrijk. Drie seconden voor het einde van de partij maakte Uruguay twee belangrijke punten. De tussenstand werd zo 66-66. Met nog twee seconden te gaan kreeg een Franse speler de bal en wierp deze van grote afstand naar de basket. Tot ongeloof van velen verdween de bal in de basket en won Frankrijk toch de wedstrijd. De Uruguayanen waren zwaar ontgoocheld en koelden hun woede op de scheidsrechter. De man werd met zware verwondingen naar het ziekenhuis gebracht. Twee spelers van Uruguay werden voor de rest van hun leven geschorst.

Bij rugby zie je soms dat de spelers van beide ploegen schouder aan schouder naar elkaar gericht staan. Er wordt hierbij flink geduwd. Hoe noem je dit?

Dit noemen we een 'scrum'. Dit is de straf die in rugby het meest voorkomt. Vaak wordt hij gegeven voor een lichte overtreding. De 'scrum' moet weer orde brengen in het spel. Toch lopen spelers soms hoofdwonden op bij een 'scrum'.
Spelers van de twee ploegen gaan gebukt en schouder tegen schouder tegen elkaar staan. Een speler van de ploeg die het voordeel gekregen heeft, gooit de bal vanaf 1 meter afstand in het midden onder de scrum. De spelers in het midden van de voorste rijen proberen de bal dan met de hiel naar hun ploeggenoten te tikken. De spelers in de scrum mogen de bal niet met hun handen raken. Om de bal te krijgen beuken alle spelers erop los. Met het hoofd naar voor stormen ze op elkaar af.
Wanneer een speler de bal naar zijn eigen ploeg heeft geschopt, wordt de bal door één van zijn medespelers opgevangen. Een nieuwe aanval kan beginnen.

Voetbal en wielrennen zijn twee erg populaire sporten. Bestaat er ook een discipline waarbij je al fietsend kan voetballen?

In het jaar 1901 fietste Otto Lüders voorbij een tennisveld in de Duitse hoofdstad Berlijn. Plots kwam een tennisbal voor het voorwiel van zijn fiets terecht. Met een forse ruk aan het stuur sloeg hij de bal over de omheining opnieuw op het tennisveld. Het idee van een nieuwe sport, voetballen met de fiets, was meteen geboren. Men ging de nieuwe sport 'cyclobal' noemen.
De fietsen waarmee gereden wordt, zijn geen gewone modellen. Het stuur is anders en het zadel staat een stuk verder naar achter. Je kan met cyclobalfietsen zowel vooruit als achteruit rijden.
Sinds 1901 is cyclobal een volwaardige sport in Duitsland. In het jaar 1929 werden er voor het eerst wereldkampioenschappen cyclobal gehouden. Vooral Tsjechen, Zwitsers en Duitsers zijn erg sterk in deze sport.

Basketbal is in veel landen een populaire sport. De oorsprong van het basketbal ligt in Mexico. Werden de spelers in die tijd al beloond voor hun prestaties?

Al in de tiende eeuw voor Christus werd er gebasketbald. De olmeken in Mexico beoefenden toen een sport die ze pok-ta-pok noemden. Meer dan 2000 jaar later ontstond er een andere sport, met de naam ollomalitzli. Deze sport is de voorloper van het basketbal.
De spelers moesten een rubber bal door een stenen ring gooien. Indien dit lukte, kregen ze enkele kledingstukken van de toeschouwers. Vaak kwamen enkele honderden mensen naar de ollomalitzli-wedstrijden kijken, zodat de winnaar een fortuin aan kleding mee kon nemen.

Bij voetbal is snelheid erg belangrijk. Veel voetballers zijn dan ook slank en atletisch gebouwd. Kunnen zware mensen dan niet voetballen?

Natuurlijk wel, dat bewijst het verhaal van de Engelsman Willie J. Foulke. Deze doelman woog ongeveer 140 kg en was 1,90 m groot. Hij was dan ook een indrukwekkend figuur, die veel aanvallers van de tegenpartij schrik aanjoeg.

Door zijn gewicht kreeg hij de bijnaam 'Fattie', wat afgeleid is van het Engelse woord 'fat' dat dik betekent.

Ooit ging Foulke tijdens een wedstrijd aan de deklat hangen. Die deklat brak in twee. De wedstrijd werd urenlang onderbroken, omdat men op zoek moest naar een nieuw doel.

Bij waterpolo moet je doelpunten maken terwijl je zwemt. Mag je hierbij de tegenstander kopje onder duwen?

Bij waterpolo heeft de scheidsrechter geen gele of rode kaarten zoals in het voetbal. Hij kan wel een speler uitsluiten voor enkele minuten. Daarna mag die speler opnieuw meedoen met de wedstrijd.
De spelers mogen elkaar niet hinderen. Wie een tegenstander slaat, trapt of duwt, wordt bestraft. Een speler van de andere ploeg kopje onder duwen mag helemaal niet. Wie dit doet, moet voor enkele minuten naar de kant.
De spelers mogen zich ook niet vasthouden aan de rand van het bad of aan de doelpalen. Wanneer zij de bal in het doel willen gooien, mogen zij zich niet afzetten op de bodem van het bad.
Waterpolo is dan ook een erg zware, lastige sport. Naast een goede zwemtechniek moeten de spelers ook veel kracht en uithoudingsvermogen hebben.

Badminton en squash zijn twee sporten die lijken op tennis. Vanwaar komen de namen 'badminton' en 'squash'?

Een voorloper van het badminton was het 'poona-spel', dat in India erg populair was. Engelse officieren die in India werkten, brachten het spel mee naar Engeland. In 1873 werd het voor het eerst in Engeland gespeeld op het tuinfeest van een hertog. Dit was op zijn buitenverblijf in het plaatsje Badminton. Vanaf dat moment werd deze sport dan ook badminton genoemd.
De eerste keer werd squash gespeeld op Engelse scholen in het midden van de negentiende eeuw. In een gesloten ruimte sloegen spelers met rackets een zachte bal heen en weer. De bal was zo zacht dat je hem met je vingers kon samendrukken. Het Engelse woord hiervoor is 'to squash'. Zo kwam men aan de naam squash.

'Golf is een rijkeluissport', zegt men soms. Het beoefenen van de sport kost immers handenvol geld. Toch was golf vroeger een sport voor de armen. Hoe komt dit?

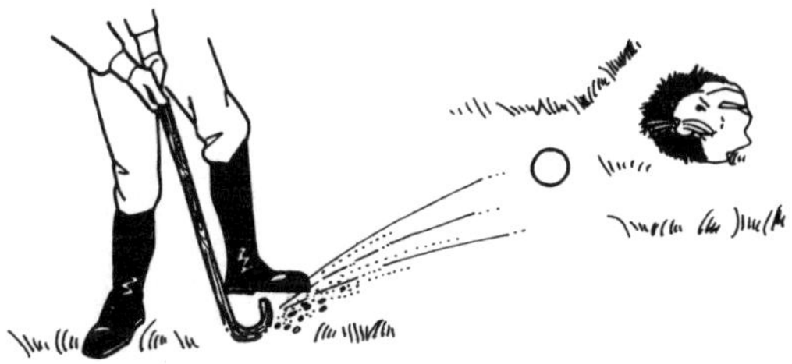

Het golfspel is waarschijnlijk ontstaan in Schotland. Een legende vertelt ons het verhaal van een Schotse herder. Deze was aan het wandelen door de Schotse weiden toen hij een ronde kei zag liggen. Wat verder merkte hij een konijnenpijp op. Dat bracht hem op een idee.
Hij nam zijn wandelstok en probeerde hiermee de kei in de konijnenpijp te slaan. Een nieuwe sport was geboren. Ook in de rest van Schotland en in Europa werd golf een favoriete sport van het volk. Arme mensen konden ook golfen, omdat ze alleen maar een kei en een stok nodig hadden. De kei werd al snel vervangen door een kleine bal.
De naam 'golf' is afgeleid van het Schotse woord 'to gowff', dat 'slaan' betekent.

Bij volleybal gebruik je termen als 'blok', 'set' en 'service'. Wat wordt hiermee bedoeld?

Bij een 'blok' probeert de ene ploeg de aanval van de andere ploeg af te weren. Ze doen dit door boven het net een hindernis te vormen met hun handen. Het blok is vaak de beste verdediging.
Een volleybalwedstrijd heeft maximaal vijf sets. De ploeg die als eerste drie sets wint, wint dan ook de wedstrijd. Om een set te winnen, moet een team vijftien punten maken. Een punt maken kan alleen als je aan service bent.
Een 'service' is het begin van elk punt. De bal wordt in het veld van de andere ploeg geslagen. Een speler blijft aan service tot hij of één van zijn medespelers een fout maakt. Dan mag de tegenpartij serveren.

In de Middeleeuwen werden vaak golfwedstrijden georganiseerd. Verschillende steden verboden het volk om deze sport nog verder te beoefenen. Waarom gebeurde dit?

In de Nederlanden werd vaak golf gespeeld in de steden. Maar die wedstrijden hadden ook nadelen. Wanneer iemand de bal missloeg, raakte men soms een voorbijganger. Ook vele ruiten werden kapotgeslagen, zodat het stadsbestuur ingreep.
In 1360 verbood het Brusselse stadsbestuur de golfsport binnen de stadsmuren. Wie toch golf speelde, kreeg een zware boete. Als je de boete niet kon betalen, moest je je jas achterlaten.
In Amsterdam overtrad wel vaker iemand de wet op de golfsport. Daar moest je je kleren afgeven en naakt naar huis terugkeren.

Wie aan topsport doet, moet een goede conditie hebben. Die conditie krijg je alleen door keihard te trainen. Is het mogelijk om ook zonder voorbereiding topprestaties te leveren?

Jazeker. De Deense nationale voetbalploeg bewees dit in 1992. In dat jaar vond het Europees Kampioenschap voetbal in Zweden plaats. Denemarken was uitgeschakeld in de voorronde en deed dus niet mee aan het toernooi. Joegoslavië was wel geplaatst, maar mocht niet meedoen. Er was immers een burgeroorlog uitgebroken in dat land. De UEFA besloot toen om Joegoslavië niet toe te laten. Er bleven daardoor maar zeven deelnemers over, zodat een vervanger gezocht moest worden. Denemarken werd de achtste deelnemer. De Deense spelers waren al op vakantie en moesten plots hun koffers pakken om naar Zweden af te reizen. Zonder voorbereiding begonnen zij aan het toernooi. Niemand gaf hen ook maar een schijn van kans om Europees kampioen te worden. Het liep echter anders, want de Denen versloegen in de finale Duitsland met 2-0 en wonnen verdiend het toernooi.

Michael Jordan is de bestbetaalde sportman ter wereld. Hoe komt het dat hij zoveel geld verdient en hoeveel verdient hij dan?

Jordan is al enkele jaren de belangrijkste figuur in het Amerikaanse basketbal.
Hij kreeg de bijnaam 'Air', wat letterlijk vertaald 'lucht' betekent. Men noemde hem zo omdat het soms lijkt alsof hij kan vliegen. Jordan kan na een sprong langer in de lucht blijven hangen dan andere spelers.
Jaarlijks verdient Jordan ongeveer twee miljard frank of meer dan honderd miljoen gulden. Een groot deel hiervan krijgt hij via reclamecontracten. Zo verdient hij meer dan een half miljard frank of 27 miljoen gulden omdat hij tijdens wedstrijden een bepaald merk sportschoenen draagt.

Richard Bergmann was een ijzersterk tafeltennisser in de jaren '40. Hij was maar liefst vier keer wereldkampioen. Toch was er iets opvallends. Hij kwam driemaal voor een ander land uit. Hoe kwam dit?

Richard Bergmann werd in het begin van deze eeuw in Hongarije geboren. In 1937 werd hij voor het eerst wereldkampioen tafeltennis. Hongarije werd toen ingenomen door Duitsland en Bergmann wilde geen Duitser genoemd worden. Daarom veranderde hij van nationaliteit en werd hij Pool. Ook voor Polen kwam hij uit in het wereldkampioenschap tafeltennis en won hij de gouden medaille. Eind 1939 brak de Tweede Wereldoorlog uit en Duitsland viel Polen binnen. Na de oorlog belandde Bergmann in Engeland en nam hij de Engelse nationaliteit aan. Ook als Engelsman werd hij tweemaal wereldkampioen.

Bij voetbal of rugby trap je de bal soms hoog de lucht in. Zijn hierbij weleens vogels gewond geraakt?

In de Nederlandse voetbalcompetitie zijn er twee voorbeelden waarbij dit gebeurde. De eerste 'pechvogel' viel in de wedstrijd Feyenoord-Sparta. De Feyenoord-doelman trapte de bal uit en raakte hierbij een meeuw. De vogel werd zwaar geraakt. De meeuw viel dan ook dood neer op het veld.
Bij de club WVV was het nog erger. Een ekster was de mascotte van de club. Bij elke thuiswedstrijd zat de ekster naast het veld in het gras. Op een keer werd zij geraakt door de bal. Hierdoor stierf ze. WVV was meteen zijn mascotte kwijt. De vogel werd opgezet en in de kantine van de club geplaatst.

Handbal is een sport die zowel door mannen als vrouwen beoefend wordt. Was dit in het begin ook al zo?

De grondlegger van het handbal was een Duitse turnleraar. Hij vond dat meisjes meer aan sport moesten doen. De bestaande sporten waren echter niet geschikt voor meisjes. Voetbal was te ruw en dus enkel voor jongens. Hij zocht naar een spel dat minder hard was en kwam bij handbal uit. Er mocht niet getrapt of geduwd worden. De nadruk lag vooral op het vangen van de bal. Dat vond hij ideaal voor meisjes. Zo ontstond het handbal als een meisjessport, waarbij geen jongens mochten meedoen.
Enkele jaren later werden ook jongens toegelaten in het handbal. De sport werd een stuk harder. Het vrouwelijke karakter van de sport verdween daardoor ook.

Vechtsporten

Boksers hebben veel spieren. Veel mensen zijn dan ook bang van hen. Willen boksers soms niet tegen een andere bokser vechten omdat ze zelf bang zijn?

In 1952 stonden de Zweed Ingemar Johansson en de zwarte Amerikaan Edward Sanders tegenover elkaar. Zij moesten vechten om de gouden medaille op de Spelen van Helsinki. Sanders had al zijn wedstrijden erg makkelijk gewonnen en was een indrukwekkende man. Johansson was een stuk minder gespierd en werd bang van Sanders. Zodra de wedstrijd begon, zette hij het op een lopen. Sanders ging Johansson achterna, maar kreeg hem niet te pakken. De scheidsrechter bestrafte Johansson en schrapte hem. Hij kreeg dan ook geen zilveren medaille. Sanders werd de winnaar.
In 1982 werd beslist dat Johansson toch een zilveren medaille kreeg.

In Japan is het sumoworstelen erg populair. Wat is er zo bijzonder aan deze sport?

Sumoworstelen is een sport voor zware jongens. Alleen worstelaars van meer dan 150 kg maken een kans. De zwaarste worstelaars wegen rond de 350 kg. Twee enorm dikke mensen proberen elkaar omver te duwen of uit de ring te krijgen.
De winnaars van sumotoernooien zijn erg populair. Zij zijn schatrijk en worden aanbeden als goden. Om zo dik te blijven moeten zij vreselijk veel eten. Zo eten zij vooral het gerecht Tsjankonabe. Dat bevat veel eiwitten. Op één dag verslinden zij ongeveer evenveel voedsel als zeven volwassen Japanse mannen.

Men zegt vaak dat vechtsporten geweld uitlokken. Toch zijn vele vechtsporten in de eerste plaats bedoeld als middel om sterker te worden. Hoe komt dit?

Judo is een goed voorbeeld. De grondlegger van het judo was Jigoro Kano. Hij was een kleine jongen, die maar 48 kilogram woog. Hij was erg sportief en deed aan roeien, honkbal en turnen. Kano had veel talent, maar haalde weinig resultaten omdat hij zo tenger was. Hij moest dus proberen sterker te worden.
Hij ging zich oefenen in jioe-jitsoe, een populaire vechtsport. Zo ontwikkelden zijn spieren zich en werd hij veel sterker. Hij kreeg jioe-jitsoe snel onder de knie en voegde stilaan eigen elementen toe. Toen hij eenentwintig jaar oud was, begon Kano zelf les te geven in zijn vorm van jioe-jitsoe. Na een tijd gaf hij deze vorm de naam 'judo'.

In de bokssport worden vaak rake klappen uitgedeeld. Wat doen boksers om zich te beschermen tegen zware verwondingen?

De belangrijkste bescherming is de helm. Die is niet verplicht bij de meeste wedstrijden. Op de Olympische Spelen is het dragen van een helm wel verplicht. Verder wordt er nu met grotere handschoenen gebokst dan vroeger. Daardoor kunnen boksers de slagen beter afweren.

Er zijn ook spelregels die de boksers moeten beschermen. Zo mag je niet onder de gordel slaan. Een bokser die aan het einde van zijn krachten is kan altijd opgeven. De trainer van de atleet werpt dan de handdoek in de ring. Dan wordt het gevecht gestopt.

Bokswedstrijden zijn soms na enkele minuten al voorbij. Bij worstelen lijken sommige wedstrijden wel eeuwig te duren. Hoelang duurde de langste wedstrijd uit de worstelgeschiedenis?

In 1912 stonden de Zweed Anders Ahlgren en de Fin Ivar Böhling tegenover elkaar in de finale bij de zwaargewichten. De wedstrijd ging gelijk op en geen van beide kon winnen. Na negen uur maakte de scheidsrechter een einde aan de partij. Hij vond dat het genoeg geweest was. Beide worstelaars kregen een zilveren medaille, niemand kreeg een gouden.
De Rus Klein en de Fin Asikainen maakten het nog bonter. Hun halve finale duurde maar liefst elf uur. Toen won Klein de wedstrijd.
In de finale zou Klein vechten tegen de Zweed Johansson. De Rus kwam echter niet opdagen. Hij was oververmoeid.

Schermen is een sport die minder gevaarlijk is dan het lijkt. Wanneer iemand geraakt wordt, gaat een lampje branden. Wat gebeurt er als de lampjes stuk zijn?

Een schermwedstrijd wordt altijd gevolgd door scheidsrechters. Wanneer een lampje stuk is, merken zij dit snel op. Het lampje wordt dan gauw vervangen en de partij kan verdergaan. Toch proberen sommigen hiervan gebruik te maken.
De Rus Onishenko wilde in Montreal iedereen te slim af zijn. Hij had in zijn degen een draadje aangebracht. Daardoor kon hij met zijn duim het lampje laten branden. Toen dat lampje enkele malen ging branden terwijl Onishenko niet gescoord had, kreeg men argwaan. Uiteindelijk vond men het draadje in de degen en Onishenko werd gediskwalificeerd.

Bij boksen en worstelen zijn er verschillende gewichtsklassen. Kan een atleet van de ene klasse naar de andere overstappen?

De Noor Ivar Johansson bewees dat dit mogelijk is. Hij behaalde zijn eerste gouden medaille in het worstelen in de klasse tot 79 kg. Daarna wilde hij ook in de klasse tot 72 kg winnen. Daarvoor moest hij natuurlijk wel 7 kg afvallen. Met een streng dieet lukte hem dit. Johansson had erg veel talent en zegevierde ook in deze klasse.
Vier jaar later was Johansson opnieuw enkele kg aangekomen. Zo vocht hij opnieuw in de klasse tot 79 kg. Opnieuw won hij, wat toch wel een unieke prestatie is.

Moderne sporten

In kuststeden zie je soms mensen door de lucht zweven aan een parachute. De parachute wordt dan voortgetrokken door een motorboot. Over welke sport gaat het hier?

Deze sport wordt ‘parasailing’ genoemd. Je kan de sport zowel op zee als op het land beoefenen. De parachute kan ook door een auto voortgetrokken worden. Op deze manier krijg je een schitterend beeld van de stad of het gebied waar je over vliegt. Het gevoel is te vergelijken met het valschermspringen uit een vliegtuig.
Een andere sport is parascending. Hierbij gaan de sporters bovenop een heuvel staan. Het valscherm ligt achter hen op de grond. Ze rennen dan zo snel mogelijk van de heuvel naar beneden tot het valscherm opengaat. Zo zweven ze verder door de lucht. Zo’n tocht gaat soms verder dan 30 kilometer. De landing is zoals die van een gewone parachutesprong.

Bij parachutespringen lijkt het alsof je erg traag naar beneden gaat. Hoe snel ga je tijdens zo'n sprong?

Wanneer je op 4 kilometer hoogte uit het vliegtuig springt, start de 'vrije val'. De vrije val duurt tot de parachute opengaat. Je valt dan met een snelheid van 200 kilometer per uur naar beneden. De vrije val duurt maximaal een minuut. Dan wordt de parachute opengetrokken. Als dit niet lukt, is er altijd nog de reserveparachute. Als het valscherm open is, daalt de snelheid naar 10 kilometer per uur. De springers kunnen dan rustig op zoek gaan naar een landingsplaats. Enkele minuten later bereiken zij de grond.

Tegenwoordig hebben veel jongeren een nieuwe sport ontdekt, namelijk inline-skating. Bestaan er ook wedstrijden voor deze sport?

Er bestaan twee vormen van wedstrijden voor inline-skaters. Zij worden ‘street’ en ‘vert’ genoemd. De ‘street’-vorm wordt op een plein of in een zaal georganiseerd. Daarbij worden verschillende hindernissen geplaatst. De deelnemers moeten deze hindernissen nemen op een stijlvolle en snelle manier. Bijvoorbeeld een trap met leuning, een zitbank of een brugje. De andere wedstrijdvorm vindt plaats op een halve ronde baan, ook wel een ‘ramp’ genoemd. Eén van beide kanten is verticaal, vandaar de naam ‘vert’. De deelnemers mogen enkele stunts uitvoeren op deze baan. De skater die de moeilijkste stunts goed uitvoert, krijgt de eerste plaats.

Karting is een sport met opvallend kleine auto's. Toch gaan de karts een stuk sneller dan je zou verwachten. Hoe snel rijden ze?

Een kart kan je eigenlijk niet vergelijken met een echte raceauto. Formule 1-wagens rijden op lange rechte stukken sneller dan 300 kilometer per uur. Bij een kartwedstrijd rijd je gemiddeld tussen de 80 en de 140 kilometer per uur.
Toch gebeurt het soms dat ook met kartwagens topsnelheden bereikt worden. Op het circuit van Hockenheim in Duitsland werd met een kart ooit 226 kilometer per uur gereden.
De wagens zijn erg klein, maar toch is karting een vrij veilige sport. De bestuurders van de karts zitten erg laag bij de grond. Daarom valt een kart bijna nooit om. Soms maakt een wagen wel een 'spin'. De wagen draait dan om zijn as en komt daarna tegen de zijkant van de baan tot stilstand. Daar zijn vaak autobanden of strobalen geplaatst, zodat de wagens niet kapotgaan en de rijders niet gekwetst raken.

Snowboarden is een sport die erg lijkt op skateboarden. Wat is er nu zo bijzonder aan deze sport?

Bij het skiën hebben de sporters twee latten of ski's. Bij snowboarden is er maar één ski of snowboard, die een stuk breder is. Je plaatst je voeten naast elkaar op de plank. Met beugels worden je voeten vastgemaakt aan de 'board'. Sturen gebeurt met je voeten en door met je lichaam te bewegen.
De bekendste wedstrijdvorm is een afdaling van een berg. Twee 'snowboarders' starten dan samen en proberen zo snel mogelijk de finish te bereiken. Er is echter nog een hindernis. De deelnemers moeten nog tussen verschillende paaltjes slalommen. Als hierbij een paaltje gemist wordt, verlies je de wedstrijd.

Parachutespringen is de laatste jaren erg populair geworden. Hoe is deze sport ontstaan?

In 1783 sprong de Fransman Louis-Sébastien Lenormand van een toren naar beneden. Hij droeg een paraplu met een doorsnee van ongeveer vier meter. Zo kon hij zonder veel problemen de grond halen. Vanaf dat moment was het idee van parachutespringen geboren.
Een andere Fransman, André Jacques Garnerin, maakte in het begin van de negentiende eeuw vele sprongen uit een ballon. Vanaf meer dan 2000 meter hoog sprong hij naar beneden met een zijden valscherm. Garnerin wordt de eerste valschermspringer uit de geschiedenis genoemd.

Voetbal is een sport die veel mensen kan boeien. Heel recent vond men een nieuwe sport uit: voetballen in een zwembad. Hoe gaat dit precies?

Je kan natuurlijk niet voetballen als er te veel water in het zwembad is. Bij watervoetbal is het water dus maar een goede twintig centimeter hoog. Zo kan iedereen nog vrij makkelijk zijn voeten bewegen. Toch is het een zeer vermoeiende sport, waarvoor erg veel kracht nodig is.

De bedoeling van het spel is dezelfde als bij voetbal. Het moeilijkste is de bal in de richting van het doel te schieten. Het gebeurt maar al te vaak dat een speler de bal te hard wil trappen en uitglijdt. Voor de toeschouwers maakt zoiets het er natuurlijk alleen maar leuker op.

Diepzeeduiken is een nieuwe passie voor veel mensen. Vaak duikt men erg diep. Wie dook ooit het diepste in zee?

Vooral sinds de jaren tachtig is diepzeeduiken erg populair. De huidige recordhouder is de Amerikaan Sheek Exley. In 1989 kon hij tot op 267 meter diepte duiken in Mante (Mexico). Veel plezier beleefde Exley niet aan zijn record. Enkele jaren later kwam hij bij een nieuwe recordpoging in Mexico om het leven.
Ann Kristovich heeft het diepterecord bij de vrouwen in handen. In Zacaton (Mexico) dook zij tot op een diepte van 165 meter. Zacaton was de plaats waar Exley stierf.

Sinds enkele jaren is bergbeklimmen een sport die meer en meer beoefend wordt. In de Middeleeuwen was bergbeklimmen soms verboden. Hoe kwam dit?

Veel volkeren geloofden dat de goden in de bergen woonden. Daarom waren ze bang van de bergen en durfden ze die niet te beklimmen. Het beste voorbeeld hiervan is de berg 'Pilatus' in Zwitserland.
Deze berg werd genoemd naar een oud Romeins heerser. Men wilde zijn lijk in de rivier de Tiber gooien, maar plots stak een hevige storm de kop op. Toen besliste men om zijn lijk te verbranden op een berg. Ook hierna brak een orkaan los. De bewoners van de stad bij de berg meenden dat de geest van Pilatus hen wilde straffen. In 1387 verbood men om de Pilatus nog te beklimmen.
Veel later ging de Zwitserse arts Gessner op pad. Hij bereikte de top van de Pilatus en kwam ongedeerd terug. Vanaf toen begonnen de mensen te geloven dat de geest van Pilatus maar een legende was.

Aquafitness werd in het begin van de jaren negentig een populaire sport. Waarom is aquafitness nuttiger dan gewone fitness?

Bij aquafitness worden sneller resultaten bereikt dan bij gewone fitness. Je hebt ook minder snel last van blessures of spierpijn. Dit komt doordat je bij alle oefeningen gebruik maakt van de weerstand van het water. Oefeningen zoals jogging of aerobics in het water zijn bovendien heel leuk om te doen.
Veel mensen doen aan aquafitness voor hun gezondheid. We spreken dan van aquatherapie. De fitnessoefeningen zorgen ervoor dat mensen sneller herstellen na een ongeval of een ziekte.

Landsailing is een sport waarbij zeilwagens gebruikt worden. Waar is deze sport ontstaan?

De Egyptenaren en de Chinezen maakten heel lang geleden al gebruik van rollende voorwerpen met een zeil op. Ook de noormannen deden dit enkele eeuwen later. In de 17de eeuw bouwde de Bruggeling Simon Stevin de eerste zeilwagen. Zijn wagen kon 28 passagiers vervoeren.
Aan het einde van de 19de eeuw ontwikkelden de broers Dumont de ideeën van Stevin verder. Zeilwagens werden nu steeds moderner en vooral op het strand werden zij heel populair. Sinds enkele jaren worden ook echte strandzeilwedstrijden gehouden. Hierbij haalt men snelheden van meer dan 100 kilometer per uur.

Bij motorraces moet je steeds zo snel mogelijk rijden. Bij trialwedstrijden niet. Wat is bij deze races het belangrijkste?

Bij trialwedstrijden wordt niet de snelheid, maar wel de rijkunst van de motorrijder beloond. Ze krijgen een heel bijzonder parcours om te rijden. Zo moeten ze met de motor over beken, muren, steile hellingen en rotsblokken. Hierbij mogen ze met hun voeten de grond niet raken. Wie wel met een voet op de grond steunt, krijgt hiervoor strafpunten. Behendigheid is dan ook van groot belang in deze sport. Het is voor trialrijders geen enkel probleem om enige tijd stil te staan met hun motor of ermee te springen.

Benjispringen is een populaire attractie bij veel torens en bruggen. Waarom is deze sport zo bijzonder?

Benjispringen of bungeespringen komt uit Nieuw-Zeeland. De oorspronkelijke bevolking, de Maori, zagen benjispringen niet als een sport. Zij wilden vooral bewijzen dat ze veel lef hadden. Later namen de blanken in Nieuw-Zeeland deze activiteit over en werd het ook bij ons bekend. Bij benjispringen worden de deelnemers vastgemaakt aan een zware elastische koord. Zij springen dan van een brug of een toren naar beneden en blijven enkele meters boven de grond of het water hangen. Hierbij krijgen ze in het lichaam een enorme stoot adrenaline.
Adrenaline is een hormoon in het menselijk lichaam dat de hartslag versnelt. Tijdens momenten van opwinding wordt adrenaline aangemaakt.
Veel adrenaline in het bloed zorgt er soms voor dat mensen ongelooflijke prestaties kunnen leveren. Iemand die op een weide achternagezeten wordt door een stier, zal zo soms in één keer over een hoog hek springen.

Tegenwoordig gebeurt het vaak dat iemand het Kanaal tussen Frankrijk en Engeland overzwemt. Je ligt dan meer dan tien uur in het water. Wat eten de zwemmers tijdens hun tocht?

De meeste Kanaalzwemmers eten babyvoedsel. Dat is vloeibaar en dus makkelijk naar binnen te werken. Het voedsel wordt hen gegeven vanuit een bootje dat de zwemmer volgt. Ook suikers zijn erg in trek, omdat ze vlug kracht geven. Veel atleten drinken ook koffie, wat vooral goed is tegen de kou.
Twee Engelsen hebben heel andere ideeën over de voeding tijdens het zwemmen. Mervyn Sharp wil enkel sandwiches met vlees eten. Een andere Brit wil ook speciale kost. Kevin Murphy put al zijn kracht uit rijstpudding.

Elk jaar ontstaan er nieuwe sporten. Zo is nog niet zo lang geleden ook dansen als sport erkend. Een bekende exotische dans is de limbo. Hierbij proberen dansers of danseressen onder een lat door te gaan, waarbij die niet mag vallen. Wie zorgde in deze sport voor de beste prestatie aller tijden?

Marlene Raymond uit Canada liet in 1973 de lat op een hoogte van 15,5 centimeter leggen. Je kan deze hoogte vergelijken met de lengte van een balpen. Raymond kon onder deze lat door dansen, zonder dat die op de grond viel. Bij de limbo mogen enkel de voeten de grond raken. Elk ander lichaamsdeel dat op de grond steunt, leidt tot diskwalificatie. Het is bijna niet te geloven dat zoiets mogelijk is.
De achtjarige Denise Culp deed het zelfs nog beter. Op rolschaatsen ging zij onder een lat op 14,92 centimeter hoogte door. Zij deed dit in de Amerikaanse stad Rock Hill in 1981.

Volks- en denksporten

Knikkeren is een erg populair spel voor kinderen. Waar en hoe is dit spel eigenlijk ontstaan?

Al in het oude Egypte werd er geknikkerd. Ook toen was knikkeren een spel voor kinderen. Men gebruikte ronde stenen. De bedoeling van het spel was toen dezelfde als nu. Men probeerde met één steen een andere steen uit een cirkel te stoten. Wie de meeste stenen uit de cirkel kon spelen, was de winnaar.
De Romeinen brachten het spel naar onze streken. De Engelsen kwamen als eersten in contact met het knikkerspel. Zij waren het die in 1926 van het knikkeren een wedstrijdsport maakten.

In Texas is een rodeo een echt volksfeest. Bij ons is de sport veel minder bekend. Wat houdt deze sport in?

Bij rodeo staan cowboys, stieren en wilde paarden centraal. De deelnemers krijgen verschillende opdrachten. Zo proberen de cowboys zo snel mogelijk een stier te vangen met een lasso. Ze proberen ook een stier te bedwingen en ze moeten een wild paard of een stier berijden. Dat laatste is het spectaculairste nummer en ook het hoofdnummer van de rodeosport.
Het is erg lastig om de stier of het wilde paard te berijden. Het dier draagt geen zadel en doet werkelijk alles om de cowboy van zich af te schudden. Vaak houden de deelnemers het maar enkele seconden uit. Daarna worden ze enkele meters weggeslingerd door de stier of het paard. Ze moeten zich dan snel uit de voeten maken, want het dier zou hen kunnen aanvallen. De absolute kampioen der stieren is 'Honkey Tonk'. Het dier wierp 187 maal op rij de cowboy snel van zich af. Gedurende acht jaar slaagde niemand erin om Honkey Tonk te berijden.

Elk weekeinde worden in vele landen duivenvluchten georganiseerd. Het is ongelooflijk hoe snel deze dieren de weg naar huis terugvinden. Wat is de langste vlucht die een duif ooit afgelegd heeft?

De eerste hertog van Wellington in Engeland had een bijzonder prijsdier. Hij liet een duif los in West-Afrika. Dat gebeurde op 8 april 1845. Het dier ging dadelijk op zoek naar zijn hok. Om niet over de Sahara-woestijn te moeten vliegen, nam de duif een hele omweg. Bijna 3000 kilometer week zij van de rechte weg af. Ongeveer twee maanden na haar vertrek had de duif Londen bereikt. Na een tocht van 11.250 kilometer was ze haar thuis genaderd. De laatste kilometer was er echter één te veel. Van uitputting viel ze dood neer in een voorstad van Londen.

In Spanje is het stierenvechten een spectaculair gebeuren. Een 'toreador' neemt met een rode lap telkens opnieuw de stier te grazen. Hoe komt het dat de rode kleur de stier ophitst?

De rode kleur van de lap is helemaal niet van belang. Een stier is kleurenblind en kan de kleur rood dus niet onderscheiden van andere kleuren. De stier reageert op de bewegingen van de toreador. Hij lokt de stier naar zich toe door met de lap te zwaaien. Daarom raakt de stier zo opgewonden.
Je zult je dan wel afvragen waarom er steeds met een rode lap gewerkt wordt. Je zou ook een blauwe of een witte lap kunnen gebruiken. Dat klopt, maar 'rood' is de kleur van enthousiasme, kracht, spanning... Daarom heeft men vanaf het begin voor deze kleur gekozen.

Vissen kunnen onmogelijk op het droge leven. Toch bestaat er een sport met vishengels die zich niet in het water afspeelt. Welke?

Deze sport noemt men casting. Bij casting moet je niet zoveel mogelijk vis aan de haak slaan. Er wordt zelfs helemaal niet 'gevist'. In deze sport moet je zo goed mogelijk met een hengel omgaan. Precisie en kracht zijn dan ook erg belangrijk bij casting.
De deelnemers krijgen verschillende opdrachten. Zo moeten zij met hun werphengel een soort schietschijf proberen te raken. Die schijf bestaat uit verschillende ringen. Wie de binnenste ring raakt, krijgt de meeste punten. De schijf staat op meer dan tien meter van de werper en dit is dus zeker geen gemakkelijke opdracht.
Bij de tweede opdracht worden peervormige doppen aan de hengel vastgemaakt. De speler moet deze dopjes zo ver mogelijk wegslingeren met zijn hengel. Er bestaan dopjes met verschillende gewichten. Het gevaar bestaat dat de lijn afbreekt door het gewicht van het dopje.

Wanneer we spreken over een biljart, bedoelen we de tafel waarop het spel gespeeld wordt. Was dit in het verleden ook al zo?

Biljarten bestaat al enkele honderden jaren. Vooral de Fransen en de Engelsen hebben ervoor gezorgd dat de sport overal in Europa bekend werd. Vroeger had de sport de naam 'kolf'. Men sprak bij het kolfspel ook al over een 'biljart'. Daarmee bedoelde men niet de tafel, maar wel de stok. Die was toen een stuk zwaarder dan nu. Hij woog ongeveer zesmaal zoveel als onze stok, die we 'keu' noemen. De ballen waren ook een stuk groter. Men vergeleek toen de biljartballen met kinderhoofden.

Shinty is een Schotse volkssport die bij ons vrij onbekend is. Het is een mengvorm van voetbal en golf. Het is een gewelddadige balsport. Men wilde shinty ooit zelfs verbieden. Hoe kwam dat precies?

Shinty werd gespeeld tussen twee parochies of clans. Iedereen mocht deelnemen. Er was ook geen speelveld afgebakend, zodat er oneindig veel ruimte was. De bedoeling van het spel was doelpunten te maken, zoals in het voetbal. Men mocht de bal trappen of slaan. De spelers kregen een golfstick, waarmee ze de bal konden wegslaan. Maar ook de tegenstanders slaan of trappen was toegelaten.
Indien een speler binnen een bepaalde tijd geen tegenstander verwond had, werd hij gestraft. Hij moest dan zijn golfstick inleveren. Hij kon vanaf dat moment alleen nog maar trappen naar de bal en de tegenstanders. In veel gevallen raakte zo iemand snel gewond. Bij elke shinty-wedstrijd vielen verschillende gewonden, zodat men de sport ooit wilde verbieden. Dat is tot nu toe nog steeds niet gebeurd.

Een frisbee is populair speelgoed voor kinderen en jongeren. Hoe is de frisbee eigenlijk uitgevonden?

Enkele Amerikaanse studenten hadden afgesproken om een pizza te gaan eten. De pizza werd opgediend op grote aluminium borden. Eén van de studenten wilde een grap uithalen en wierp het bord naar een vriend. Het bord belandde een stuk verder dan de student verwacht had. Toen werd duidelijk dat deze borden erg geschikt waren om ver te werpen.
Het bedrijf dat de borden maakte had de naam Frisbee Pie Company. Er werden plastic schijven ontworpen en men gaf ze de naam frisbees. Frisbeeën is nu een sport die vooral op het strand beoefend wordt.

Petanque wordt veel in de zomer gespeeld. Vooral aan zee is het spel zeer populair. Er worden ook petanquetoernooien georganiseerd. Kan je hierbij vals spelen?

Petanqueballen zijn vanbinnen hol. In de jaren zestig waren enkele spelers op een idee gekomen. Zij hadden de holle ruimte gevuld met olie. Anderen hadden gemalen koffie gebruikt. Hierdoor waren de ballen een stuk minder beweeglijk. Zij rolden veel minder goed en dat kwam de spelers enorm van pas.
Wanneer de bal dicht bij het kleine balletje op de grond viel, bleef hij bijna ter plekke liggen. Daardoor scoorden deze spelers een stuk beter dan hun tegenstanders. Uiteindelijk kwam het bedrog aan het licht en werden ze gediskwalificeerd.

Vissen is rustig en ontspannend. Vissen is ook een sport. Je moet dan zoveel mogelijk en zo zwaar mogelijke vissen vangen. Wat is de zwaarste vis die ooit met een hengel gevangen werd?

Denial Bay is een vissersdorpje in Australië. In dit stadje werd de zwaarste vis ooit gevangen. Het was een mensenetende witte haai van 5 meter en 13 centimeter lang. Het dier woog maar liefst 1208 kg en werd met een hengel aan wal gehaald.

De gelukkige visser was Alf Dean. Hij kon zijn ogen niet geloven. Samen met enkele vrienden was hij sterk genoeg om de haai aan wal te krijgen. Niemand weet waarom de lijn niet brak. Het was voor Alf in ieder geval de vangst van zijn leven.

Windhondenrennen worden druk bezocht in Engeland. Hoe slaagt men erin de honden zo snel te laten lopen?

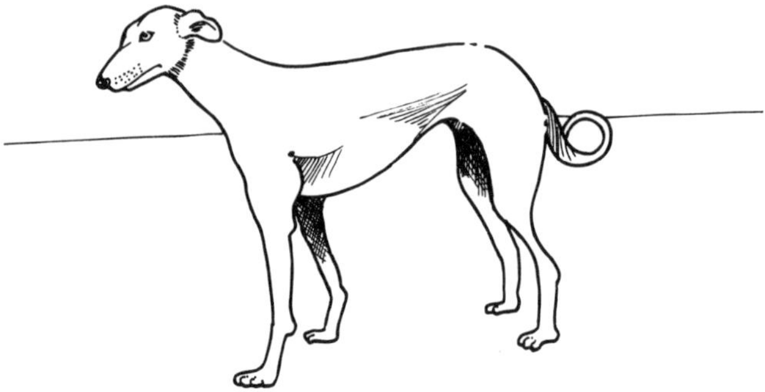

In 1876 werd in Hendon (Engeland) de eerste race voor windhonden georganiseerd. Vóór de honden werd een haas op een rail voortgetrokken. Sinds 1919 wordt de haas op een mechanische manier voortgedreven. De honden lopen achter deze haas, maar krijgen hem nooit te pakken.
De hoogste snelheid die ooit door een windhond gehaald werd, werd gelopen door een hond die 'The Shoe' genoemd werd. Letterlijk vertaald betekent deze naam 'de schoen'. Het dier zou de laatste honderd meter afgelegd hebben met een snelheid van meer dan zeventig kilometer per uur.

'Dart' is het Engelse woord voor pijl. Darts is ook de Engelse benaming voor ons 'vogelpikken'. Hoe is deze sport ontstaan?

Bij het oorlogvoeren waren boogschutters vroeger heel belangrijke soldaten. Met hun pijlen konden zij veel tegenstanders vanaf grote afstand uitschakelen. Wanneer de vijand dichterbij kwam, hadden boogschutters het veel lastiger. Daarom namen zij ook altijd korte pijlen mee. Die wierpen zij dan met de hand naar hun vijanden. Dat is de oorsprong van de vogelpiksport.

Waar komt de naam ‘schaken’ vandaan?

Het schaakspel ontstond in het oude India. Daar stond het bekend onder de naam ‘caturanga’, wat ‘vier wapens’ betekent. Schaken was toen een militair spel.
De naam ‘schaak’ komt van het Perzische woord ‘sjah’, dat ‘koning’ of ‘heerser’ betekent. De oudste schaakstukken werden in Nashipur gevonden. Ze werden gemaakt in 900 voor Christus. In de 13de eeuw werd het schaakspel naar Groot-Brittannië overgebracht. Van daaruit werd het over heel Europa verspreid.

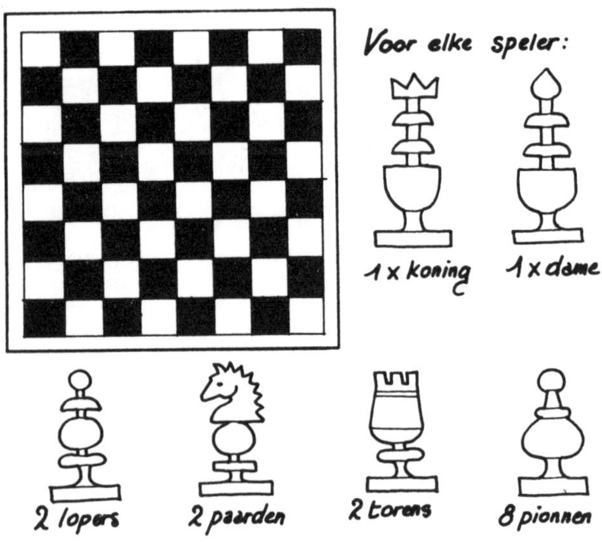

Begin 1997 vond een legendarische schaakwedstrijd plaats. De wereldkampioen nam het op tegen een schaakcomputer. Wie won de wedstrijd: Gary Kasparov of Deep Blue?

Het was de tweede maal dat Kasparov en de computer tegen elkaar speelden. De eerste wedstrijd werd door Kasparov gewonnen. Daarna werd de computer nog een stuk beter en sneller gemaakt. Deep Blue kon 200 miljoen zetten berekenen in minder dan één seconde. Van Kasparov wordt verteld dat hij vijftien zetten in één seconde kan overzien.
De wedstrijd ging eerst gelijk op en beide spelers wonnen om de beurt een partij. Met nog één wedstrijd te gaan was de stand gelijk. In de laatste wedstrijd profiteerde Deep Blue van een onoplettendheid van Kasparov. Zo won de computer uiteindelijk de wedstrijd met één punt verschil.

Men zegt wel eens dat kaatsers geen echt veld hebben. Wat bedoelt men hiermee?

Kaatsen is een echte volkssport. Deze sport werd al in de Middeleeuwen in België en Nederland beoefend. Kaatsen was een sport waar weinig voor nodig was. Een balletje was genoeg om te kunnen beginnen. Voor veel armen was kaatsen dan ook de sport bij uitstek. Men tekende met stenen of krijtlijnen een veld en de wedstrijd kon beginnen.
Dat gebruik bestaat nu nog steeds. Ook nu nog worden kaatswedstrijden midden in een dorp georganiseerd. Het veld is dan een deel van de straat of een pleintje. Er zijn dus weinig of geen echte kaatsvelden. Maar een stuk krijt is voldoende om er één te maken.

Wintersporten

Oostenrijk is een land met ontelbare skipistes. Toch konden de winterspelen van 1964 in dat land bijna niet doorgaan. Er lag te weinig sneeuw. Welke oplossing bedacht men toen?

Het is al vaak gebeurd dat er niet genoeg sneeuw lag voor de winterspelen. Soms liet men de Spelen toch doorgaan en probeerde men er het beste van te maken. In het Oostenrijkse Innsbruck kon dat niet. Er moest dus een andere oplossing bedacht worden.
De president besloot toen om het Oostenrijkse leger in te schakelen. De soldaten moesten 20.000 kubieke meter sneeuw halen in de bergen en naar Innsbruck brengen. Zo konden de Olympische winterspelen toch doorgaan. Een ramp was vermeden.

Tijdens de eerste Olympische Spelen in Chamonix werd Charlie Jewtraw als eerste tot winnaar gekroond. Toch was hij niet de eerste olympische winterkampioen. Hoe is dit mogelijk?

In Chamonix vonden de eerste winterspelen plaats. Toch waren verscheidene winterdisciplines al eerder georganiseerd. Zo werd het kunstrijden op de schaats al tijdens de zomerspelen in 1908 te Londen gereden. Op de Spelen van Antwerpen van 1920 werd ook ijshockey gespeeld.
Kunstrijden en ijshockey zijn twee sporten die niet in de openlucht gehouden moeten worden. Zij werden in een grote sporthal georganiseerd, zodat het warme weer buiten geen kwaad kon. Ulrich Salchov won de gouden medaille bij het kunstrijden in 1908. Hij was dus de eerste winterkampioen uit de geschiedenis.

Bij het schansspringen springen sommigen verder dan honderd meter. Is het ooit gebeurd dat een atleet na zijn sprong in het publiek belandde?

Het is nog nooit iemand 'gelukt' om na zijn sprong in het publiek terecht te komen. Dat is maar goed ook, want het zou erg gevaarlijk zijn. Eén keer gebeurde het bijna, want Jakob Thams sprong in 1928 73 meter ver. Dat was in die tijd een erg grote afstand. De organisatoren hadden erop gerekend dat de verste sprongen rond de 65 meter zouden liggen. Thams kwam door zijn hoge snelheid te ver op de baan terecht. Hij gleed verder en raakte een kleedcabine. Hij werd met zware verwondingen naar het ziekenhuis overgebracht. De sprong had hem bijna het leven gekost.

Rodelen en bobsleeën zijn twee bekende wintersporten. Tweemaal werd ook het tobogansleeën op de winterspelen georganiseerd. Wat hield deze sport in?

De naam 'tobogan' is afgeleid van het woord 'tobaakan'. Dat was het woord van de Amerikaanse micmac-indianen voor een slee. Engelsen noemden de slee een 'skeleton'.
Vooral de houding van de sleeër is bij tobogansleeën bijzonder. Hij ligt niet op zijn rug, maar op zijn buik. Bovendien houdt hij zijn armen wijd gespreid. Hij houdt de slee met één hand bovenaan vast en met de andere onderaan. Sturen gebeurt met de voeten. Soms worden zo snelheden van 140 kilometer per uur bereikt.
In 1928 en 1948 was tobogansleeën een olympische sport. Daarna verdween de sport uit de belangstelling.

Op de winterspelen in 1952 won Duitsland bij het bobsleeën. Toch stelden velen vragen bij de Duitse overwinning. Wat was er gebeurd?

De Duitse ploeg had een speciale truc bedacht om sneller te kunnen bobsleeën. Zij veranderden niets aan de slee zelf, maar wel aan de atleten in de bobslee. De twee Duitse deelnemers wogen samen maar liefst 236 kg. Door dit hoge gewicht gingen zij een stuk sneller naar beneden dan de andere deelnemers. Ook in de viermansbob won Duitsland de gouden medaille. Ook hierbij waren de Duitse deelnemers echte zwaargewichten.
Na de Spelen besloot men de regels te veranderen. Nu mogen de deelnemers bij een tweemansslee samen niet meer dan 200 kg wegen. Bij een slee voor vier deelnemers is dit niet meer dan 400 kg.

De jury is erg belangrijk bij het kunstrijden op de schaats. De juryleden moeten aan de deelnemers punten geven. Wie de meeste punten behaalt, is de winnaar. Gebeurt het ook wel eens dat het publiek het niet eens is met de jury?

Natuurlijk hebben de toeschouwers soms een andere mening dan de juryleden. Tijdens de Spelen van 1956 bekogelde het publiek de juryleden met plastic flessen en sinaasappels. De toeschouwers hadden erg genoten van het Duitse koppel Kilius-Ningel. Toch gaf de jury hen geen hoge punten. Daarom reageerde het publiek zo.
De jury maakte op die Spelen nog enkele grote fouten. Zo gaven ze het Engelse duo Krau-Ward opzettelijk veel te lage punten. Deze twee deelnemers waren nog maar 11 en 12 jaar oud. De jury wilde hen ontmoedigen, zodat zij de eerste jaren niet meer zouden deelnemen aan de Spelen. Zij waren volgens de jury nog veel te jong.

Bij schaatswedstrijden moeten soms vele ronden gereden worden. Hoe weten de rijders tijdens de wedstrijd hoeveel ronden zij nog moeten afleggen?

Aan de aankomststreep staat steeds een scorebord opgesteld. Daarop wordt exact aangegeven hoeveel ronden er nog te gaan zijn. Wanneer de deelnemers aan hun laatste ronde beginnen, luidt er een bel.
Soms gaat er wel eens iets mis. Zo vergat de rondeteller op de Spelen in Squaw Valley bij één wedstrijd de bel te luiden. De Finse Iris Sikvonen en de Amerikaanse Ryan moesten zo een ronde te veel afleggen. Daardoor lag hun tijd een stuk hoger dan die van de andere deelnemers. Zij waren meteen uitgeschakeld voor de medailles.
De Amerikaanse coach wilde dat de wedstrijd opnieuw gereden werd. Maar de organisatoren gaven de twee rijdsters geen nieuwe kans.

Bij het skiën is de slalom een spectaculair nummer. De deelnemers slingeren dan aan hoge snelheid tussen vele poortjes door. Wat gebeurt er als zij zich vergissen en een poortje missen?

Wanneer een deelnemer een poortje mist, is hij meteen uitgeschakeld. Voor iemand die pech heeft, kan de wedstrijd zo al na enkele seconden voorbij zijn. Wanneer het niet de schuld is van de deelnemer zelf, mag hij soms opnieuw starten.
Dat gebeurde met de Oostenrijker Karl Schranz in 1968. Schranz miste een poortje en gaf de schuld aan een politieman. De agent was volgens hem slecht opgesteld. Schranz wilde een nieuwe start. Hij mocht nog een keer starten en zette de snelste tijd neer.
Toch kreeg hij geen gouden medaille. Toen men de videobeelden van de wedstrijd opnieuw bekeek, zag men dat het wel degelijk de schuld was van Schranz. De agent had er helemaal niets mee te maken. De organisatoren beslisten toen om Schranz te schrappen.

IJshockey is vaak een ruwe sport. Wat zijn de meest voorkomende overtredingen bij ijshockey?

De overtreding die het meest voorkomt is 'hooking'. Hierbij laat je je tegenstander struikelen over je stick. Met 'charging' bedoelt men opzettelijk tegen een andere speler opbotsen. 'Tripping' is het doen vallen van een tegenspeler op welke manier dan ook.
De stick mag niet boven je schouders komen. Gebeurt dit toch, dan spreken we van 'high sticking'. Een speler hinderen die de puck niet heeft, wordt ook bestraft. Deze overtreding noemt men 'interference'.
Ten slotte gebeurt het regelmatig dat enkele spelers elkaar te lijf gaan tijdens een wedstrijd. Dit kan natuurlijk niet door de beugel en vaak worden zij voor enkele minuten van het veld gestuurd.

Het gebeurt wel eens dat atleten tijdens sportwedstrijden ziek worden. Is het ooit gebeurd dat er een epidemie uitbrak tijdens een groot toernooi?

Op de Spelen van 1972 brak een griepepidemie uit in het olympisch dorp. Meer dan 150 van de 1200 deelnemers werden ziek en konden bijna niet starten. Vrijwel alle buitenlanders hadden last van keelpijn. Dit kwam door de te hoge temperatuur in de logementen. Het was in de meeste kamers meer dan dertig graden warm. De deelnemers moesten elke dag een uur de ramen sluiten, de deuren openen en de douchekraan opendraaien. Zo zou de vochtigheid in de logementen toenemen en zouden minder mensen griep krijgen.

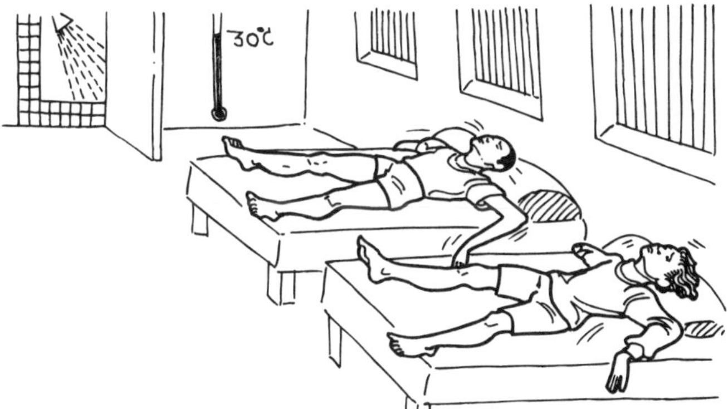

Bij veel sportwedstrijden zijn er reserveatleten. Zij komen alleen in actie als één van de overige atleten niet kan meedoen. Is het al gebeurd dat een reserveatleet de gouden medaille won?

Tijdens de winterspelen in 1980 kon de Oostenrijker Leonhard Stock niet meedoen aan de afdaling bij het skiën. Na een zware blessure hadden de dokters hem zes weken rust voorgeschreven. Toch wilde Stock kost wat kost naar de Olympische Spelen en de coach nam hem mee als reserve.
Tijdens de trainingen skiede hij het snelst van allemaal. Hij bleek in schitterende vorm te zijn en de trainer liet hem toch starten. Stock stelde hem niet teleur en won. De trainer had juist gegokt.

Curling is een bijzondere ijssport. Bij deze sport zie je spelers met een bezem over het ijs schaatsen. Waarom doen zij dit?

Curling wordt gespeeld door twee ploegen van vier spelers. Je moet grote schijven over de baan laten glijden. De bedoeling is om die schijven te laten eindigen binnen een ring. Deze ring is op de ijsbaan getekend en bestaat uit een buitenring ('house') en een binnenring ('tee').

Wanneer een speler een schijf werpt, hebben ook de medespelers een belangrijke taak. Zij moeten dan de baan schoonvegen net voor de schijf eraan komt. Als de ijsbaan proper is, zal de schijf verder eindigen. Op die manier moet je proberen de schijf te laten stoppen in de ringen.

De Elfstedentocht in Nederland is een echt volksfeest. Wat is dit voor een wedstrijd en wanneer vindt zij plaats?

De Elfstedentocht is een schaatswedstrijd tussen elf gemeenten in de Nederlandse provincie Friesland. In totaal moet er meer dan tweehonderd kilometer geschaatst worden.
De tocht kan maar af en toe georganiseerd worden. Het moet enkele weken aan een stuk gevroren hebben en het ijs op de meren en rivieren moet dik genoeg zijn. In 1997 lukte het wel, al moest het parcours toen een beetje gewijzigd worden. Op bepaalde plaatsen was de ijslaag niet stevig genoeg, zodat de rijders een andere route moesten nemen.
Aan de Elfstedentocht doen iedere keer vele duizenden deelnemers mee. De wedstrijd is de grootste uitdaging voor elke schaatser.

Op de Olympische winterspelen zie je soms skiërs met een geweer rondlopen. Willen zij iemand neerschieten?

Natuurlijk niet. Deze skiërs doen mee aan de biatlon. Dat is een sport die vooral in Rusland en Scandinavië erg populair is. De deelnemers moeten twee opdrachten vervullen. Zij moeten twintig kilometer afleggen op de ski's en ondertussen moeten ze ook stoppen om te schieten bij vier schietbanen.

Na elke vijf kilometer komen ze bij een schietbaan. De atleten nemen dan de karabijn van hun rug en gaan in de schiethouding staan. Zij moeten dan 5 doelen op 50 meter afstand proberen te raken. Daarna gaan zij terug op weg.

Aan het einde van de wedstrijd wordt de tijd opgenomen. Wie de snelste tijd heeft, is de winnaar. Maar er worden ook strafpunten gegeven. Wie bepaalde doelen bij het schieten gemist heeft, krijgt enkele minuten straftijd.

Biatlon is een heel zware sport. Het geweer weegt bijna vijf kilo, zodat de deelnemers een erg sterke conditie moeten hebben.

Een hotdog is een broodje met een worstje ertussen. Er bestaat ook een sport die 'hotdogging' genoemd wordt. Is het dan de bedoeling om zoveel mogelijk broodjes op te eten?

Hotdogging is een onderdeel van het skiën. Bij deze discipline moeten de deelnemers erg handig zijn. Ze moeten van een berg met hindernissen skiën. Deze hindernissen zijn dan heuveltjes, putten, groeven... De skiërs moeten de latten onder controle proberen te houden. Dat is zeker niet simpel als je weet dat soms snelheden van 70 à 80 kilometer per uur gehaald worden.
Bij de wedstrijden klinkt muziek. Het parcours is 200 à 300 meter lang en erg steil. Er zijn ook twee sprongen in de wedstrijd opgenomen. Een jury geeft na de uitvoering punten aan de skiërs.

Je hoort bij het skiën wel eens de term 'vliegende kilometer'. Betekent dit dan dat de skiërs een kilometer door de lucht zweven?

Wanneer we spreken over 'vliegende kilometer' bedoelen we dat de deelnemers niet stilstaand vertrekken. De skiërs nemen dan eerst een lange aanloop tot ze op een bepaald moment hun topsnelheid bereiken. Vanaf dat punt moeten ze zo snel mogelijk een kilometer afleggen.
De snelste skiërs vind je in het Zwitserse Zermatt en in het Franse Les Arcs. De skiërs gaan naar die plaatsen om er records te vestigen. Ze trekken dan rubberen pakken aan, gebruiken speciale ski's en dragen een helm in de vorm van een vissenkop.

Bij Europese kampioenschappen en wereldkampioenschappen schaatsen wordt altijd een algemeen klassement opgemaakt. De winnaar is niet degene die de meeste punten behaalt, maar wel de schaatser met de minste punten. Hoe komt dit?

Het algemeen klassement telt de punten van vier wedstrijden. Bij de heren zijn dit de 500 m, 1500 m, 5000 m en 10.000 m. De vrouwen rijden de 500 m, 1500 m, 3000 m en 5000 m. De tijd die elke schaatser rijdt in die wedstrijden, wordt omgezet in punten. Zo telt één seconde bij de 500 m voor één punt. Op die manier zal iemand met een eindtijd van 38 seconden minder punten krijgen dan iemand met een tijd van 40 seconden. Dus hoe sneller je rijdt, hoe minder punten je krijgt. De punten van de vier wedstrijden worden op het eind samengeteld. Wie op dat moment de minste punten heeft, is de winnaar.

Op de Olympische Spelen in Sankt-Moritz was het erg warm. Dat gaf vooral problemen bij het schaatsen. Welke oplossing vond men voor de kilometer schaatsen?

Door het warme weer was al een deel van de ijsbaan gesmolten. Er bleven maar zestien deelnemers over voor de 10 kilometer, de rest was al naar huis vertrokken. In de eerste race won de Noor Evensen van de Amerikaan Jaffee. Evensen reed een snelle tijd en bleef lange tijd eerste. Bij de vijfde race zakten de rijders tot hun enkels in het water. De scheidsrechters besloten toen ermee op te houden voor die dag.
De dag erna probeerden ze het opnieuw, maar de temperatuur lag nu nog hoger. Daarom werd de wedstrijd afgelast. Er was dus geen winnaar op de 10 kilometer. Evensen was woedend op de scheidsrechters, want hij vond dat hij gewonnen had.

Tegenwoordig kan je ook met een motor op ijs racen. Deze sport wordt ook wel 'speedway' genoemd. Hoe kunnen de rijders op het ijs overeind blijven?

IJsracen is een erg spectaculaire sport. Veel deelnemers gaan onderuit op het gladde ijs, waardoor ze alle kansen verliezen om te winnen. Om zo weinig mogelijk te vallen, rijden de racers met speciale banden. Die hebben honderden kleine spijkers. Elke spijker is ongeveer drie centimeter lang. Door deze spijkers krijgen de banden veel meer grip op het ijs. Toch zorgt de hoge snelheid van de motoren nog voor veel valpartijen bij speedway-wedstrijden.
Bij speedway is de start heel belangrijk. Omdat de baan zo kort is, kan je een tegenstander bijna niet voorbijrijden. De rijders leunen in de bochten ver naar de binnenkant. Met hun voeten proberen ze hun motor in evenwicht te houden.

Watersporten

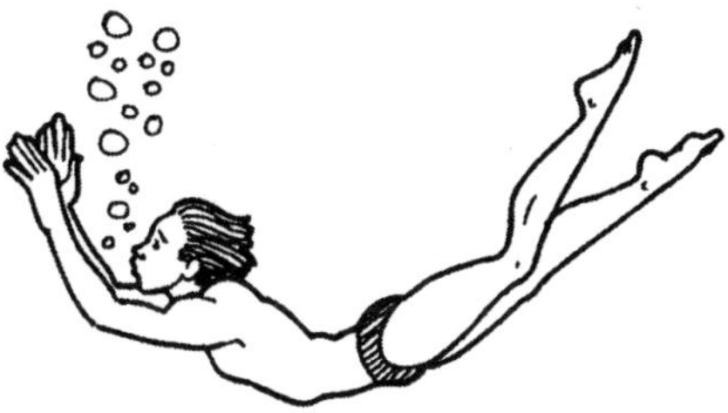

Op de Olympische Spelen van Parijs stond het hinderniszwemmen op het programma. Wat was dit juist?

Het hinderniszwemmen was een erg merkwaardige sport. De zwemmers moesten zowel onder als over bepaalde hindernissen zwemmen. Er werden bijvoorbeeld drie boten in de baan gelegd. De deelnemers moesten dan eerst onder deze boten duiken en op de terugweg eroverheen klauteren.
Er moest in totaal 200 meter gezwommen worden. De meeste zwemmers waren doodmoe na zo'n wedstrijd. Vooral het publiek beleefde veel plezier aan het hinderniszwemmen. Toch werd het later niet meer georganiseerd op de Olympische Spelen.

De Australiër Bob Pearce werd een grote dierenvriend genoemd. Hoe kwam dit?

In 1928 vonden de Olympische Spelen in Amsterdam plaats. Bob Pearce was de grote favoriet in het skiffnummer. De skiff is een roeiboot voor één persoon. Pearce won al zijn wedstrijden met groot gemak en niemand leek hem te kunnen verslaan.
In de kwartfinale moest hij roeien tegen Saurin. Pearce nam vlot de leiding, maar hoorde plots geplons. Een familie eendjes wilde de stroom oversteken juist op de plaats waar Pearce voorbijkwam. Pearce stopte en wachtte tot de eendjes voorbij waren. Saurin had intussen een grote voorsprong genomen. Maar Pearce haalde hem terug in en won de wedstrijd nog met groot verschil.

In Helsinki won de Fransman Jean Boiteux een gouden medaille bij het zwemmen. Toch kreeg een andere man meer belangstelling. Wat was er gebeurd?

Net na de aankomst van Boiteux sprong een man met kleren en al het zwembad in. Hij begon Boiteux te omhelzen. Alle toeschouwers waren zeer verbaasd toen ze dit zagen. Ze vroegen zich af wie deze man wel was. De trainer van Boiteux of een meegereisde Franse supporter?
Jean Boiteux hielp de man uit het zwembad en riep breedlachend: ‘Papa!’ Het was zijn vader die zijn vreugde niet meer kon bedwingen. Hij wilde zo snel mogelijk bij zijn zoon zijn om hem te feliciteren.

Op de Olympische Spelen in Rome werd de Russische zwemmer Leon Kolesnikov heel beroemd. Dat kwam niet omdat hij snel gezwommen had. Hij werd bekend omdat hij de traagste zwemmer van allemaal was. De andere zwemmers waren al lang aangekomen, toen Kolesnikov nog niet eens halverwege was. Hoe kan het dat Kolesnikov mocht deelnemen aan de Spelen?

Leon Kolesnikov was een erg goed zwemmer uit de voormalige Sovjet-Unie. Op de Olympische Spelen in Rome zwom hij de 400 meter wisselslag. Zijn coach verplichtte hem om ook de 400 meter vrije slag te zwemmen. Kolesnikov weigerde dit eerst, maar moest uiteindelijk toch toegeven.
Tijdens die 400 meter vrije slag zwom Kolesnikov expres heel langzaam. Na de wedstrijd zei hij tegen de journalisten: ‘Ik had helemaal geen zin om deze wedstrijd te zwemmen. Men heeft mij verplicht om deel te nemen. Dat heb ik dan ook gedaan. Ik heb zo traag gezwommen omdat ik mij absoluut niet wilde plaatsen voor de finale.’

De Française Silvy Frechette was wellicht de grootste pechvogel van de Spelen in Barcelona. Wat was er precies gebeurd?

Frechette nam deel aan het kunstzwemmen en deed het schitterend. Iedereen dacht dan ook dat zij de gouden medaille zou winnen. Maar toen de jury de punten moest geven, liep het mis. Een Braziliaans jurylid pakte het verkeerde bordje en gaf Frechette te weinig punten. Daardoor verloor ze de gouden medaille.
Frechette zelf was niet erg ontgoocheld. 'Ik heb goed gezwommen', zei ze. 'Dat is voor mij het belangrijkste, niet de gouden medaille.' Twee jaar later besloot men om haar toch nog het goud te geven. Ze had het immers verdiend.

De jongste deelnemer aan de Olympische Spelen was een Nederlands jongetje. Toch weet niemand wat zijn naam was. Hoe kwam dit?

Op de Spelen van Parijs in 1900 deed een Nederlands team mee aan het roeien. Hun stuurman was Herman Brockmann, een erg zware man. De andere Nederlandse deelnemers vonden dat Brockmann te veel woog. Door zijn hoge gewicht zouden ze nooit even snel kunnen gaan als de andere deelnemers. Daarom zette men Brockmann uit het team.
Men haalde een Nederlands jongetje van ongeveer tien jaar uit het publiek. Deze jongeman werd de stuurman van de Nederlandse ploeg. Nederland werd olympisch kampioen en de jongen kreeg de gouden medaille. Daarna verdween de jongen en tot op de dag van vandaag weet niemand wat zijn naam was.

Op de Spelen van München werd de Zweed Gunnar Larsson olympisch kampioen bij het zwemmen. Na de Spelen zag men in dat hij die titel niet verdiend had. Wat was er gebeurd?

De 400 meter was heel spannend. Gunnar Larsson en de Amerikaan McKee zwommen lange tijd zij aan zij. Toen ze aankwamen, wist niemand wie nu eigenlijk gewonnen had. Sommigen dachten Larsson, anderen McKee. Uiteindelijk kwam de beslissing. Larsson was twee duizendsten van een seconde vroeger aangekomen dan McKee.
Een jaar later werden de banen in het zwembad nog eens gemeten. Toen bleek dat de baan van Larsson 3 mm korter was. Omgerekend zou dit een verschil van vijf honderdsten van een seconde gegeven hebben. Eigenlijk had McKee de gouden medaille dus verdiend en niet Larsson. Maar de gouden medaille bleef in handen van de Zweed Larsson.

Beginnende surfers vallen regelmatig in het water. Men zegt dan dat ze nog veel moeten oefenen. Soms wordt ook verteld dat je valt omdat er water in je oor zit. Wat wil dit zeggen?

In het oor van de mens bevindt zich het 'evenwichtsorgaan'. Dat deeltje van het oor zorgt ervoor dat wij rechtop kunnen lopen. Het zorgt er dus ook voor dat surfers op hun plank kunnen blijven staan.
Wanneer een surfer enkele malen na elkaar in het water valt, komt er water in zijn oor. Door dit water wordt het evenwichtsorgaan verstoord. Het werkt niet perfect meer, zodat je veel sneller je evenwicht zal verliezen. Wie dus enkele malen in het water gevallen is, kan beter even uitrusten. Ervaren surfers gaan dan even op hun plank liggen tot het water uit hun oor verdwenen is. Daarna kunnen ze opnieuw gaan surfen.

Tegenwoordig hoor je vaak verhalen over de kano- en kajaksport. Wat is precies het verschil tussen een kano en een kajak?

De oorsprong van een kano en een kajak is heel verschillend. Een kano vinden we voor het eerst terug bij de indianen van Noord-Amerika. De boot is open en loopt naar beneden af. Een kajak was het vervoermiddel van de eskimo's in Groenland en Alaska. Een kajak is bijna volledig gesloten en heeft enkel een opening om in en uit te stappen.

Ook de peddels van kano's en kajaks verschillen van elkaar. Bij een kano heeft de peddel slechts één blad, bij een kajak twee. In een kano zit de persoon die erin vaart gehurkt op een knie. In een kajak zitten de mensen op hun achterwerk.

Bij het schoonspringen zie je mensen van enkele meters hoog in een zwembad duiken. Is het nooit gebeurd dat iemand met zijn hoofd tegen de plank botste?

Jazeker. De Amerikaan Greg Louganis was de grote favoriet op de Olympische Spelen van Seoul in 1988. Maar bij zijn voorlaatste sprong ging het verkeerd. Louganis wilde een salto maken. Hij kwam te dicht bij de plank en botste er met zijn hoofd tegen. Het publiek hield zijn adem in, maar Louganis had alleen een lichte hoofdwond. Voor zijn sprong kreeg hij natuurlijk maar weinig punten.
In zijn laatste poging zette Louganis alles op alles. Hij deed dezelfde beweging en voerde een schitterende sprong uit. Zo won hij toch nog de gouden medaille.

Vlinderslag en dolfijnslag zijn twee zwemstijlen. Ze lijken ook erg op elkaar. Toch zijn vlinders en dolfijnen twee totaal verschillende dieren. Hoe komt het dan dat beide zwemslagen bijna hetzelfde zijn?

Vlinderslag en dolfijnslag ontstonden op hetzelfde moment. De Amerikaan Jack Sieg vond in 1935 de dolfijnslag uit. Hij noemde de slag zo omdat de zwemmer met zijn benen bewoog zoals een dolfijn.
Met zijn armen deed hij de bewegingen van een vlinder na. De arm- en beenbewegingen samen vormden een nieuwe zwemstijl, die dolfijnslag genoemd werd.
Andere zwemmers kwamen op het idee met de benen een andere beweging uit te voeren. Zij bewogen afwisselend hun linker- en hun rechterbeen op en neer. Hierbij deden ze de armbeweging van Sieg. Deze stijl noemde men de vlinderslag.

Diepzeeduikers komen vaak grote en gevaarlijke vissen tegen. Toch zijn deze dieren niet het grootste gevaar voor de duikers. Waarvoor zijn de diepzeeduikers dan wel bang?

Hitte en kou zijn de twee grootste gevaren voor de duikers. Alle diepzeeduikers dragen een 'droogpak'. Dit pak laat geen water door, zodat het lichaam droog blijft. Wanneer de duiker erg diep gaat, zakt de temperatuur behoorlijk. Een duiker blijft echter warm door zijn pak. Als het pak scheurt, zal de duiker het ook koud krijgen. Als je niet snel genoeg naar boven zwemt, wordt je lichaam onderkoeld. Dat betekent dat je lichaamstemperatuur zakt naar 27°C en daarna zelfs naar 22°C. Als een duiker dan geen hulp krijgt, is hij verloren.
Ook de hitte kan gevaarlijk zijn. In de zomer kan het in sommige gebieden zoals in Florida verschrikkelijk warm zijn. Het duikerpak houdt de warmte voor het grootste deel tegen. Maar bij grote hitte kan het niet alle warmte afweren. De duiker kan zo ziek worden van de hitte, dat hij het bewustzijn verliest. Andere duikers moeten dan zo snel mogelijk hulp bieden, voor het te laat is.

Alle duikers dragen een ingewikkeld horloge. Waarvoor dient dit?

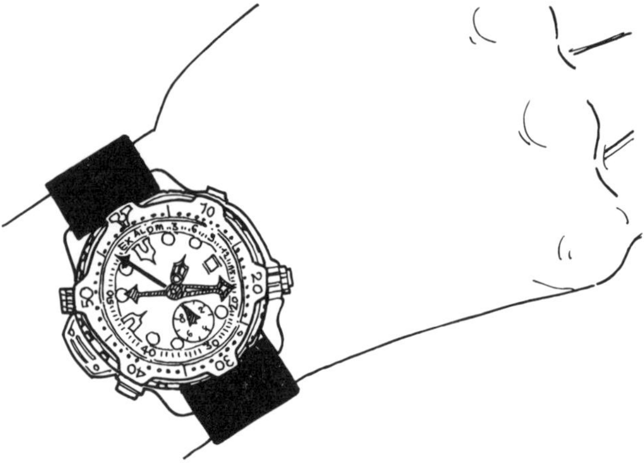

Een duikhorloge heeft verschillende taken. Door het horloge weet de duiker hoelang hij al onder water zit. Zo weet hij ook wanneer hij naar de oppervlakte moet terugkeren. Wanneer het tijd is om terug naar boven te gaan, zal er een signaal klinken. Zo wordt de duiker gewaarschuwd.
Het horloge dient ook als dieptemeter. De duiker weet zo op elk moment op welke diepte hij zwemt. Als hij te diep gaat, zal het horloge opnieuw een signaal laten horen. Een duikhorloge is dan ook onmisbaar voor elke duiker.

Motorbootraces zijn erg spectaculair. De speedboten varen vaak ongelooflijk snel. Hoe kunnen de racers remmen bij zulke wedstrijden?

Het antwoord is heel eenvoudig: ze kunnen niet remmen. De motorboten hebben geen vaste grond onder zich, zodat remmen onmogelijk is. Vertragen kunnen ze wel. De bestuurders van de boten geven dan minder gas, waardoor ze vaart minderen.
Racers moeten dan ook hun snelheid goed in het oog houden. Wie te snel een bocht neemt, gaat over de kop.

In de zeilsport vind je veel moeilijke woorden terug om een zijde van een schip aan te duiden. Bakboord, stuurboord, loefzijde en lijzijde zijn hiervan enkele voorbeelden. Wat betekenen deze termen allemaal?

Met bakboord bedoelen we de linkerzijde van een boot. Stuurboord is dan natuurlijk de rechterkant van het schip.
Loef- en lijzijde zijn twee termen die met de windrichting te maken hebben. De loefzijde van een schip is de zijde die naar de wind gekeerd is. Met de lijzijde wordt dan weer de andere kant van de boot bedoeld.
De uitdrukking 'iemand de loef afsteken' komt uit het zeilen. Wanneer je iemand de loef afsteekt, neem je hem te grazen. In het zeilen betekent dit dat jij hem de wind uit de zeilen neemt. Jouw boot zal dan een stuk sneller gaan dan de zijne.

Rijsporten

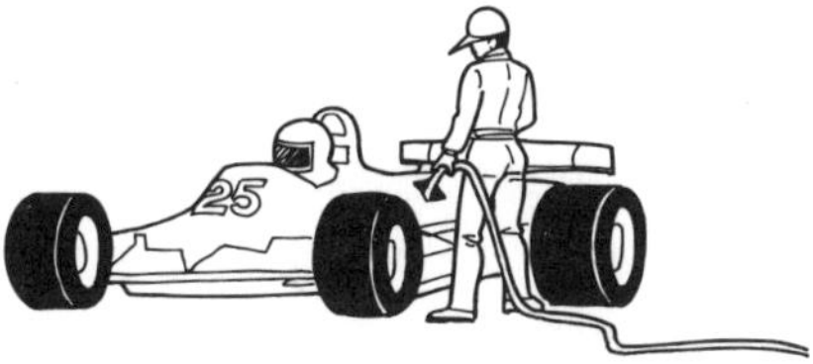

In wielerwedstrijden hebben de koplopers soms vele minuten voorsprong op de andere deelnemers. Gebeurt het soms dat de leiders wachten op de rest?

Frédérico Bahamontes stond bekend als een sterk klimmer. Hij wilde dan ook in de Ronde van Frankrijk het bergklassement winnen. In de beslissende rit moesten de renners over de Galibier, een erg steile berg. Bahamontes reed dadelijk van de andere renners weg en bereikte de top verschillende minuten voor de anderen. Hij was zeker van de eerste plaats in het bergklassement en zou waarschijnlijk ook deze rit winnen.
Hij vond het echter welletjes en stapte van de fiets. Wat verder stond een ijskarretje en Bahamontes had wel trek in een ijsje. Hij kocht een ijsje, ging op de zijberm zitten en at rustig zijn ijsje op. Toen hij klaar was met eten, wachtte hij op zijn achtervolgers. Toen die op de top van de Galibier aankwamen, sloot Bahamontes zich bij hen aan. Samen reden ze naar de aankomst toe. Hij won de rit uiteindelijk niet.

De Belgische wielrenner Hubert Hutsebaut zorgde in één week tijd voor twee schitterende overwinningen. In 1972 won hij zowel de E3-prijs als de Vlaamse Elfstedentocht. Eigenaardig genoeg wist hij tweemaal zelf niet goed of hij wel echt gewonnen had. Hoe kwam dit?

In de E3-prijs reden twee koplopers samen op de finish af. In de laatste kilometer wilde geen van beide aan de kop gaan rijden, zodat ze als het ware stilstonden. Hutsebaut reed achter hen, haalde hen in en won de wedstrijd. Hij snapte er niets van en durfde niet eens juichen toen hij over de streep reed.
In de Vlaamse Elfstedentocht had Hutsebaut nog meer geluk. Samen met negen anderen zat hij in de kopgroep van de wedstrijd. Ze moesten nog tien kilometer rijden, maar Hutsebaut was uitgeput. Hij was aan het einde van zijn krachten en kon niet eens meer recht voor zich uit kijken. Vijfhonderd meter voor de finish stuurde een rijkswachter de groep de verkeerde kant op. Hutsebaut had de man niet gezien en reed gewoon rechtdoor. Dat was de goede weg en zo won Hutsebaut de Vlaamse Elfstedentocht.

Renners die pech hebben tijdens een wedstrijd, worden meestal snel geholpen. Wat gebeurt er als ze niet snel hulp krijgen?

In 1947 leek de Nederlander Theo Middelkamp een belangrijke wedstrijd te zullen winnen. Vijftien kilometer voor het einde kreeg hij echter een lekke band. Middelkamp was bang om ingehaald te worden en wachtte ongeduldig op hulp. Die kwam er niet snel genoeg en Middelkamp kreeg een idee. Verderop stond een fiets. Middelkamp greep de fiets vast en reed er de wedstrijd mee uit en won. Later die dag diende iemand een klacht in bij de politie. Zijn fiets was gestolen, terwijl die voor zijn huis stond. Middelkamp gaf de man met plezier zijn fiets terug.

Op de Olympische Spelen van Los Angeles was Charles Pahud bij de paardensport één van de grote kanshebbers op een medaille. Hijzelf was in goede conditie, maar toch dacht hij dat het nog mis zou gaan. Wat was het probleem?

De reis van Nederland naar Los Angeles zou verschillende weken duren. De tocht kon alleen per boot gemaakt worden. Pahud was bang dat de paarden te vermoeid zouden zijn van de lange reis. Na lang denken bedacht hij een oplossing.

In de hokken van de paarden installeerde Pahud tredmolens, grote ronde molens die bewegen door er in te lopen. Daardoor bleven de paarden fit tijdens de trip en kwamen ze in goede conditie in Los Angeles aan.

De ruitersport mocht in het verleden alleen door officieren beoefend worden. Heeft men ooit geprobeerd vals te spelen?

De Zweed Gehmall Persson was onderofficier in het Zweedse leger. Hij was één van de beste ruiters van het land. Omdat hij een lagere rang had dan officier, kon hij echter niet deelnemen aan de Olympische Spelen.
Men besloot om hem voor de duur van de Spelen te bevorderen tot officier. Persson mocht zo toch meedoen en won goud met de Zweedse ploeg. De ruiter had echter één ding vergeten. Tijdens zijn rit droeg hij een officierspak, zoals het hoorde. Maar hij droeg ook nog zijn pet van onderofficier. Daardoor werd het bedrog ontdekt en men nam hem de medaille weer af.

Wanneer werd de eerste autorace ooit gehouden?

De eerste autorace uit de geschiedenis vond plaats in Frankrijk in 1785. De wedstrijd ging van Parijs naar Bordeaux en terug en was 1178 kilometer lang. De winnaar van de race was de Fransman Emile Levassor. Zijn wagen was een Panhard Levassor-Twoseater met Daimler-motor. Levassor reed 48 uur en 47 minuten voordat hij over de eindstreep ging. Hij had dus een gemiddelde snelheid van 24,15 km per uur. Tegenwoordig wordt in bijna alle wielerwedstrijden gemiddeld meer dan 40 km per uur gereden. Levassor zou nu met gemak ingehaald worden door een groep wielrenners.

Bij autoraces worden vaak enorme snelheden gehaald. Welke race staat bekend als de langzaamste wedstrijd ooit?

Zes wagens stonden aan de start voor de race Chicago-Evanston. Het was de eerste Amerikaanse autorace. De wedstrijd werd gewonnen door de gebroeders Duryea met een zelfgebouwde wagen. Van de 6 deelnemers bereikten zij als enigen de aankomst. Een dikke laag sneeuw en een hevige storm zorgden ervoor dat de andere deelnemers de finish niet haalden. In meer dan 7 uur legden ze de 87 kilometer lange afstand af. Gemiddeld haalden ze een snelheid van 12 kilometer per uur.

Polo is een balspel dat ook weleens 'hockey te paard' genoemd wordt. Waar ligt de oorsprong van deze sport?

Polo werd al omstreeks 500 voor Christus in Perzië gespeeld. De bedoeling bij dit spel is om zittend op een paard met een hockeystick een bal in een doel te slaan. Soms worden ook pony's gebruikt. Het voordeel van pony's is dat je lager bij de grond zit. De spelers hebben het dan heel wat makkelijker om de bal te raken. De sport verspreidde zich over heel Azië. Engelse theeplanters in India brachten de sport in de 18de eeuw naar Europa. In de 19de eeuw was polo één van de populairste sporten. Tegenwoordig is polo in onze streken veel minder populair.

Autoraces zijn vaak heel zwaar voor de coureurs. Welk circuit is het zwaarste ter wereld?

Op Sicilië ligt het plaatsje Targa Florio. Daar bevindt zich het Piccolo Macedonie-circuit. Dit circuit is het zwaarste ter wereld. Het heeft maar liefst 9350 bochten over een afstand van 792 kilometer. Bovendien moeten de racers over een aantal steile berghellingen rijden. De meeste wegen zijn in erg slechte staat.
De Italiaan Arturo Francesco Merzario reed ooit het snelste op dit circuit. Hij had in 1972 iets minder dan 6 uur en dertig minuten nodig voor de hele afstand.

Bij formule 1-races wordt vaak gesproken over een pitstop. Wat doen de coureurs dan?

Bij formule 1-races halen de auto's vaak snelheden van meer dan 300 kilometer per uur. De coureur houdt dan af en toe een pitstop. Hij stopt op een apart baanvak bij de mecaniciens van zijn team.
Een pitstop kan verschillende redenen hebben. De mecaniciens kunnen bijvoorbeeld benzine bijtanken. Ook als er iets hapert aan de wagen, zullen de racers stoppen. Gemiddeld duurt een pitstop zes à zeven seconden. Daarna rijden de wagens verder.

De paardensport kent verschillende disciplines. De hindernisrace is de spectaculairste. Welke race trekt de meeste aandacht?

In Engeland zijn paardenraces erg populair. Vooral hindernisraces trekken jaarlijks miljoenen bezoekers. Hierbij moeten de paarden over hagen, beken en greppels springen. De Grand National is de bekendste race van het jaar. Wie de Grand National wint, verdient verschillende miljoenen.
In 1997 werd de race één dag uitgesteld. Er was een bomalarm op de dag van de wedstrijd. Daardoor besloot men alle toeschouwers terug naar huis te sturen. De dag erop vond de Grand National wel plaats.

Bij motorraces worden soms enorme sprongen gemaakt. Welke rijder maakte de grootste sprong ooit?

De Fransman Alain Jean Prieur zorgde in 1977 voor een ongelooflijke stunt. Hij maakte met zijn motor een sprong van maar liefst 64,6 meter. Maar dat was niet alles. Bij deze sprong ging hij over 16 bussen heen, die naast elkaar opgesteld stonden.
Toch is Prieur niet de grootste stuntman op de motor. De Amerikaan Evel Knievel zorgde voor de gevaarlijkste stunts. Hij was ook de eerste die over bussen en andere voertuigen sprong. In totaal brak hij bij zulke stunts.433 botten in zijn hele lichaam

In de Ronde van Frankrijk zie je soms renners met felgekleurde truien rondrijden. Waarom doen zij dit?

In grote rondewedstrijden wordt een klassement opgemaakt, een rangschikking van de renners tijdens de hele ronde. De renner die tot dan toe de minste tijd nodig had om de ritten uit te rijden, staat vooraan in dit algemeen klassement. Hij draagt bijna altijd een gele trui. In de Ronde van Italië is deze trui roze.
In de meeste rondewedstrijden is er ook een groene puntentrui. Deze gaat naar de renner die het vaakst vooraan geëindigd is. Bij de aankomst van elke rit worden punten uitgedeeld. De renner die als eerste over de streep komt, krijgt de meeste punten. De daaropvolgende renners worden ook met punten beloond. Wie aan het einde van de ronde de meeste punten verzameld heeft, is de winnaar van de groene trui.
De witte trui gaat dan weer naar de beste jongere.
In de Ronde van Frankrijk bestaat ook de bolletjestrui. Dit is een wit shirt met rode bollen. Deze wordt aan de leider in het bergklassement gegeven.

Eén van de bekendste rally's was Parijs-Dakar. Dakar ligt in Afrika. Hoe kwamen deelnemers over de Middellandse Zee?

Vroeger vond de start in Parijs plaats. Daar werd een korte rit gehouden. De rest van de rally werd dan in Afrika gereden. Om daar te komen, namen alle deelnemers en mecaniciens de boot. Dat was nodig omdat men de Middellandse Zee moest oversteken.
Enkele jaren geleden besloot men de rally niet meer in Parijs te laten starten. Men startte toen in de Spaanse stad Granada. Ook dan moesten de deelnemers met de boot reizen. In 1997 kwam Dakar centraal te staan. De hoofdstad van Senegal deed toen dienst als start- en aankomstplaats. Nu vindt de start terug in Parijs plaats.

Bij wielerwedstrijden hoor je wel eens het woord 'bezemwagen'. Wat is de taak van dit voertuig? Moet die de rijweg schoonhouden?

Een bezemwagen heeft helemaal niets te maken met schoonmaken. De bezemwagen is een auto die achter de laatste renner in een wielerwedstrijd rijdt. Zijn taak is de renners die opgeven naar de aankomst te brengen.
Als de achterstand van een renner op de andere deelnemers te groot wordt, zal hij meestal opgeven. Hij stapt dan in de bezemwagen, die hem naar de aankomstplaats brengt. Soms zullen de organisatoren een renner verplichten de wedstrijd te stoppen. Ook dan wordt de bezemwagen gebruikt.

In de autosport wordt soms gesproken over Groep A-, B-, C- en N-wagens. Wat betekent dit?

De wagens in Groep A rijden in een internationaal kampioenschap. Dit zijn wagens waarvan er minstens 5000 per jaar gebouwd worden. Ze hebben op zijn minst vier zitplaatsen.
Groep B-wagens rijden het wereldkampioenschap. Deze wagens hebben maar twee zitplaatsen. Van dit type moeten er zeker 200 bestaan.
Groep C zijn de prototypewagens. Dit zijn wagens die meer dan 300 kilometer per uur halen en waarvan er maar één exemplaar bestaat. Er zijn twee zitplaatsen, maar er is maar één rijder in de auto.
Wagens in Groep N rijden in het nationaal kampioenschap. Ook van deze soort moeten er elk jaar zeker 5000 gebouwd worden. In deze wagens zijn vier zitplaatsen.

Bij autorally's wordt soms op straat gereden. Wordt het gewone verkeer dan omgeleid of rijden de coureurs tussen het andere verkeer in?

Bij de eerste rally's reden de coureurs inderdaad tussen het gewone verkeer door. Het was voor de coureurs dan dubbel opletten geblazen. Ze werden ook vaak gehinderd door toeschouwers die in de weg stonden. In Europa besliste men om het zo niet meer te doen. Men ging rally's organiseren die op een gesloten circuit plaatsvonden. Dat was veel veiliger voor de rijders en voor de toeschouwers. Het formule 1-circuit van Monaco wordt wel nog steeds op straat gereden. Maar tijdens de race wordt het circuit afgesloten voor het gewone verkeer.

Sport en maatschappij

Tegenwoordig wordt er vaak gesproken over het gebruik van doping. Wat bedoelt men hiermee?

Veel sporters trachten hun prestaties te verbeteren met geneesmiddelen of producten die de spieren versterken. Zo kunnen zij van hun concurrenten winnen. Sinds de Olympische Spelen van Montreal in 1976 wordt het gebruik van doping streng bestraft.
Het bekendste dopinggeval uit de geschiedenis is dat van de Canadese sprinter Ben Johnson. Deze zwarte atleet had op de Olympische Spelen van Seoul in 1988 met groot gemak de 100 meter gewonnen. In die race brak Johnson ook het oude wereldrecord. Bij een dopingcontrole na de wedstrijd bleek dat Johnson middelen genomen had om zijn spieren te versterken. Hij moest zijn gouden medaille inleveren en werd gediskwalificeerd. Hij mocht ook een lange tijd niet meer deelnemen aan wedstrijden. Toen zijn schorsing voorbij was, begon Johnson opnieuw te trainen. Hij vertelde overal dat hij geen doping meer gebruikte. Maar na enkele maanden werd hij opnieuw betrapt. Hij mocht enkele jaren niet meer aan wedstrijden deelnemen.

Lord Killanin is een belangrijk lid van het Olympisch Comité. Hij noemde doping 'de grootste vijand van de sport'. Hoe dacht men in de Oudheid over doping?

De Grieken en de Romeinen maakten helemaal geen problemen van dopinggebruik. Griekse koeriers dronken regelmatig een brouwsel dat ze 'heksenmelk' noemden. Ze dachten dat dit hen meer adem gaf. Romeinse paardenverzorgers gaven hun paarden een speciale drank die hen ongelooflijke kracht zou geven.
De inca's in Peru gebruikten ook doping. Hardlopers kauwden bijna de hele tijd op cocabladeren. Hierdoor konden ze een stuk beter lopen. Toch werd toen om die reden nooit een atleet bestraft.

Je ziet dikwijls reclame voor allerlei producten op de truitjes van sporters. Waarom doet men dit?

In het begin van deze eeuw vestigde de Belg Camille Jenatzy met zijn wagen een nieuw snelheidsrecord. Toch was dit niet zijn belangrijkste doel. Hij wilde vooral reclame maken voor zijn eigen bandenmerk. Door een record te vestigen, maakte hij veel reclame voor zijn product. Dat was meteen de eerste vorm van sponsoring in de sport.
Tegenwoordig geven bedrijven sportclubs of atleten veel geld. In ruil maken de sporters reclame voor de producten van het bedrijf. De atleten of de clubs kunnen dat geld goed gebruiken. Je mag tegenwoordig zelfs zeggen dat topsport zonder sponsoring onmogelijk zou zijn.

De Italiaanse renner Maspes had een originele manier bedacht om reclame te maken voor zijn sponsor. Wat deed hij?

Op de Wereldkampioenschappen in 1954 in Milaan stond Maspes in de finale van een sprintnummer. Toen de wedstrijd net begonnen was, stapte de Italiaan van zijn fiets. Iedereen dacht dat Maspes zijn tegenstanders wilde misleiden, maar dat bleek niet zo te zijn. Hij bleef gedurende drieëntwintig minuten op dezelfde plaats staan. Alle fotografen waren ondertussen naar Maspes gelopen en namen ontzettend veel foto's. Niemand begreep waarom de wielrenner daar bleef staan en niet aan de wedstrijd dacht.
Enkele minuten later begrepen sommigen opeens wel waar het om ging. Op de plaats waar Maspes stond, was iets op de baan geschreven. In grote letters kon iedereen de naam van een bedrijf lezen. Na de wedstrijd bleek dat dit bedrijf Maspes 1 miljoen lire had beloofd als hij op die plaats stil zou blijven staan. Maspes deed wat hem gevraagd was en verdiende zo veel meer dan wanneer hij de race gewonnen zou hebben.

Bij het voetbal worden wedstrijden vaak naar een andere datum verschoven. Dit komt door de televisie. Hoe kan een televisiezender zomaar beslissen wanneer een match gespeeld moet worden?

Televisiezenders zijn altijd op zoek naar veel kijkers. Voetbalwedstrijden zijn heel populair op tv. Bij competitiewedstrijden wordt zelfs een afspraak gemaakt tussen de clubs en de zender. De clubs krijgen van de televisiezender een geldbedrag, als de zender de wedstrijd rechtstreeks mag uitzenden.
Het probleem is dat veel voetbalwedstrijden op zondagmiddag worden gespeeld. Dan kijken weinig mensen tv. De zender wil dan ook dat de match op een ander moment gespeeld wordt. Dat is de reden waarom soms op vrijdag- en zondagavond voetbal kan gekeken worden.

Bij de Olympische Spelen van 1896 werden geen profs toegelaten. 'Deelnemen is belangrijker dan winnen', luidt de olympische leuze. Alle deelnemers moesten dan ook amateurs zijn. Was dit ook in de Oudheid al zo?

Bij de oude Grieken was winnen veel belangrijker dan deelnemen. De winnaars werden overal gevierd als goden, de verliezers werden verstoten.
De Romeinen gingen zelfs nog een stuk verder. Zo was vals spelen in het wagenrennen toegelaten. Het maakte niet uit hoe iemand een race won. De deelnemers probeerden dan ook met alle middelen hun tegenstanders te dwarsbomen. Wielen werden doorboord, rijders van hun wagens gesleurd... Of de winnaar vals gespeeld had, was niet belangrijk.

Bij de Olympische Spelen van Innsbruck in 1976 ontstonden er problemen door de skikleding van sommige atleten. Wat was er precies gebeurd?

Oostenrijkse en Oost-Duitse skiërs hadden iets nieuws bedacht om sneller vooruit te gaan. Het ging om aërodynamische kleding. De skiërs zouden lichte kleding dragen, lichte handschoenen en nieuwe helmen. Hierdoor deze kleding zouden zij minder weerstand ondervinden van de wind en enkele tienden van een seconde winnen op hun concurrenten.
Andere deelnemers vonden dit niet eerlijk en dienden een klacht in. Het Olympisch Comité bekeek de zaak en gaf hen gelijk. De speciale kleding gebruiken was vals spelen. De skiërs moesten in hun gewone skikleding starten.

Vroeger hadden atleten alleen hun trainer mee bij wedstrijden. Nu gaat er ook een verzorger of een dokter mee. Worden atleten dan zo vaak ziek?

Topsport is een keihard beroep. Atleten die de beste willen worden, moeten helemaal voor de sport leven. Een topsporter moet dan ook een perfecte conditie hebben. Hiervoor gebruikt hij een dokter. Die dokter zal de atleet duidelijk maken wat goed en slecht voor zijn gezondheid is en hoe hij zijn lichaam in conditie kan houden. Sportdokters hebben ook nog een andere taak. Atleten die niet gewonnen hebben, kunnen soms diep in de put raken. De dokter zal dan proberen hen opnieuw moed in te spreken.

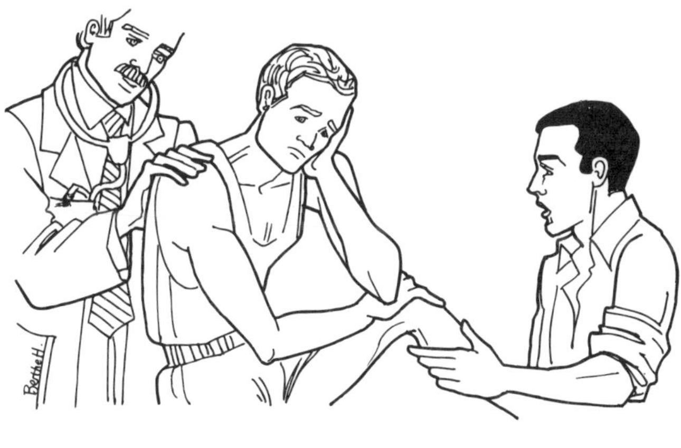

Corruptie en omkoperij kom je vaak in de sportwereld tegen. Wat bedoelt men hiermee?

Bij corruptie en omkoperij gaat het steeds om geld. Je geeft bijvoorbeeld aan een scheidsrechter een bepaalde som geld als hij je ploeg laat winnen. Soms wordt ook geld gegeven aan spelers van het andere team. Zij zullen dan opzettelijk slecht spelen om de andere ploeg te laten winnen.
Corruptie en omkoperij geven sport een slechte naam en nemen alle eerlijkheid weg. Zo was er de omkopingszaak van de Franse voetbalclub Marseille. Het bestuur van Marseille had enkele spelers van Valenciennes geld gegeven. Die moesten ervoor zorgen dat Marseille de wedstrijd won. De ploeg zou dan kampioen van Frankrijk zijn. Dat gebeurde ook, maar het bedrog werd ontdekt. Marseille werd zwaar gestraft voor de hele zaak. De club degradeerde naar de tweede klasse en mocht niet deelnemen aan de Europese bekertoernooien.

Bij een voetbalwedstrijd worden de supporters van de twee clubs in aparte vakken op de tribunes gezet. Waarom gebeurt dit?

Supportersgroepen van twee verschillende ploegen beginnen soms te vechten. Hierbij vallen vaak gewonden en soms zelfs doden. Een dramatisch geval van geweld tussen supporters deed zich voor in 1985 in het Heizelstadion te Brussel. Toen speelden Liverpool en Juventus Turijn tegen elkaar. Voor de wedstrijd stormden Engelse supporters het vak van de Italianen binnen. Dat leidde tot paniek. Negenendertig mensen kwamen om. Dit ongeval staat nog altijd bekend als het Heizeldrama.
Sindsdien werd al van alles gedaan om supportersgeweld tegen te gaan. In Groot-Brittannië mag je sommige stadions niet binnen zonder een pasje. Bovendien mag in geen enkel Brits voetbalstadion nog drank met alcohol verkocht worden. Bij zowat alle voetbalwedstrijden zijn politieagenten aanwezig, om alles in goede banen te leiden. De supporters van de twee ploegen worden ook steeds in aparte vakken gezet.

Sport en politiek lijken twee totaal verschillende zaken. Hebben ze soms toch iets met elkaar te maken?

Politiek en sport zijn niet van elkaar los te denken. Regeringen geven veel geld voor de sport in hun land. Door die steun krijgt zowat iedereen in een land de kans om aan sport doen.
Sport heeft soms ook een politieke rol. Dat was bijvoorbeeld het geval bij een voetbalwedstrijd tussen Ecuador en El Salvador. Door deze wedstrijd begon er een oorlog tussen beide landen. Later werd deze strijd toepasselijk 'de Voetbaloorlog' genoemd.
Er zijn nog andere voorbeelden. Tijdens de Olympische Spelen van München in 1972 viel een groep Palestijnse terroristen de Israëlische sporters aan. Elf mensen werden gedood.

Sommige mensen hebben een lichamelijke of een geestelijke handicap. Kunnen zij daardoor niet aan sport doen?

Een handicap betekent niet dat iemand niet aan sport kan doen. Men probeert tegenwoordig ook gehandicapten de kans te geven om te sporten.
Sinds 1960 worden Olympische Spelen voor gehandicapten georganiseerd. De Olympische Spelen voor gehandicapten worden officieel de 'Paralympics' genoemd.
Ook gehandicapte of mindervalide personen kunnen echte topprestaties leveren. De eenbenige hoogspringer Arnie Boldt sprong in 1980 1,96 m hoog. Sporten als basketbal, tennis en volleybal worden ook gespeeld door atleten in een rolstoel.

Wedden op sportwedstrijden wordt al sinds de Oudheid gedaan. Wat zijn de belangrijkste weddenschappen die tegenwoordig afgesloten worden?

Tegenwoordig worden er veel weddenschappen afgesloten op sportwedstrijden. Vooral bij paardenrennen is gokken voor veel mensen een verslaving. Je probeert dan te voorspellen welk paard en welke ruiter de race zullen winnen.
Ook bij hanenkampen worden massa's geld verwed. Hanenkampen zijn gevechten op leven en dood. Je zet geld in op één van de twee hanen. Wint de haan waar je op gewed hebt, dan krijg je het dubbele van je geld terug. Verliest de haan, dan ben je ook je geld kwijt.

Kansspelen zoals roulette en lotto worden soms ook tot de sport gerekend. Bij roulette moet je het nummer waarop het balletje valt proberen te voorspellen. Soms is dit tweemaal na elkaar hetzelfde nummer. Heeft iemand zo ooit veel geld gewonnen?

Op 9 juli 1959 gebeurde in een casino in Puerto Rico iets heel eigenaardigs. Eén van de spelers op de roulette had zesmaal na elkaar op nummer tien gewed. Al zijn tegenspelers verklaarden de man voor gek. Het ongelooflijke was dat hij ook zes keer na elkaar won. De kans dat zoiets gebeurt is 1 op 3.010.936.383 keer.
Toen hield hij ermee op en nam zijn winst mee naar huis. Dat was een juiste beslissing, want de keer daarna viel het balletje op een ander nummer.

Veel topsporters krijgen vroeg of laat last van blessures. Is sport dan ongezond?

Sport is helemaal niet ongezond. Integendeel, het maakt het lichaam juist sterker, zodat het zich beter kan verdedigen tegen ziektekiemen. Mensen die een zware operatie achter de rug hebben, moeten soms aan sport gaan doen. Dat sporters toch blessures krijgen, komt omdat topsporters te veel en te zwaar trainen. Zo overbelasten ze hun lichaam. Dat kan niet tegen zoveel inspanningen, zodat de sporter gekwetst raakt. Het omgekeerde kan ook voor blessures zorgen. Als iemand zonder zich voor te bereiden een marathon loopt, zal hij zeker blessures krijgen.

Register

Deze uitgave door: Deltas, België-Nederland.
Tekst: Davy Verbeeck
Illustraties: Berthe Huysentruyt
D-MCMXCVII-0001-23
Gedrukt in België
NUGI 215